Uli Hauser
GEMEINSAM, ANDERS, GLÜCKLICH
Vom erfüllten Leben
meines Bruders mit Behinderung

Uli Hauser

Gemeinsam, anders, glücklich

Vom erfüllten Leben
meines Bruders
mit Behinderung

Für unsere Eltern.
Und ihre Liebe.

Es ist alles anders geworden, als die Ärzte sagten.
Sagt meine Mutter.
Wir wollten kein Mitleid, und jetzt ist es wunderbar.

Danke, Mama. Danke, Papa

Inhalt

Vorwort von Johannes

Ich wollte im Sommer nach Hamburg auf eine Freizeit fahren.
Da sollten alle viel zu Fuß gehen, das kann ich nicht so gut.
Also klappte das nicht.
Dann kam mein Bruder aus Hamburg zu mir.
Und dann sind wir Fahrrad gefahren.
Das war so schön.
Im Buch geht es um mich.
Wie es heißt, weiß ich nicht.
Aber ihr solltet es lesen.
Toll, Uli, dass du das gemacht hast.
Und du kannst noch „alles klar" schreiben.

Wie alles anfing

Was er sich wünsche, hatte ich ihn gefragt. Ans Meer fahren? Zu Tante Gertrud? Ins Deutsche Chipsmuseum? Weit weg? Oder doch lieber zu Hause ausschlafen?

Es waren Ferien und wir hatten zwei Wochen Zeit. Mein Bruder und ich. „Johannes freut sich schon so", sagte meine Mutter und fuhr erleichtert zur Kur, der ersten nach 89 Jahren. Eine große Sache, wochenlang packte sie Koffer. Einen für Mama, einen für Papa, und das muss noch mit und das. Meine Eltern waren erleichtert, dass ich mich kümmerte.

Mein Bruder ist behindert. Er kommt nicht ohne Weiteres allein zurecht. Es muss jemand da sein. Er kann schlecht laufen und schiebt einen Rollator vor sich her wie andere einen Einkaufswagen. Dieser gibt ihm Halt. Er kann sich nicht so bewegen, wie er will, seine Muskeln sind dauerhaft verkrampft. Spastisch gelähmt, sagen die Ärzte. Nicht heilbar. Aber man kann damit leben.

„Was hat er denn?", fragen mich manchmal Leute, wenn die Rede auf meinen Bruder kommt. Dann versuche ich damit zu antworten, was Johannes alles kann. Er kann allein sein Bett machen. Eine Suppe aufwärmen. Mit dem Rollator bestimmt eine Stunde am Stück unterwegs sein, ohne aus dem Atem zu kommen. Ist zwar anstrengend, aber es geht. Er zieht sich alleine an und wäscht sich. Duscht im Sitzen, auf einem Stuhl, den man hoch und herunter bewegen kann. Er kann lesen und schreiben. Ziemlich gut ist er im Erfassen atmosphärischer Stimmungen, Johannes hat Feingefühl. Er weiß, wer wann Geburtstag hat, und erinnert uns daran. Was bei fünf Geschwistern, acht Nichten und Neffen und angeheirateten Partnern schon eine logistische Leistung ist. Sein Lieblingsgeburtstag aber ist der 90. meiner Mutter, über den Johannes meint, man müsse sich dringend dazu treffen und alles besprechen. Obwohl alles längst klar ist. Axel, der Metzger, hat schon gesagt, er würde das Buffet machen, Kartoffelsalat und so. Er hat auch Pastrami, New York Style, aber so was kommt bei uns nicht auf den Tisch, das kennt keiner. Meine Mutter übrigens hat die Vorbereitungen für die Party eigentlich schon abgeschlossen, bei Regen setzen wir uns in die Garage und wenn, wie immer, die Sonne scheint, stellen wir unsere Party-Bänke auf den Rasen. Ute wird wieder ihren guten Pflaumenkuchen bringen, das geht auch schon Anfang Juli, wegen der Globalisierung, und meine Mutter wird auf jeden Fall sagen, dass dies ihre letzte große Feier gewesen sei. Das sagt sie allerdings schon seit 60 Jahren. Johannes kennt das mit dem Feiern auch gar nicht anders. Wir sind nie unter dreißig Leute und jeder ist willkommen. So was Neumodisches wie „wir haben keinen Platz mehr am Tisch", das kennen wir nicht. Meine Mutter hat uns gern um sich versammelt. Sie mag keine „Ich-Menschen", wie sie immer sagt, also Leute, die nur an sich denken und andere ausschließen.

Als ich Johannes fragte, wie ich meine Hochzeit feiern sollte, sagte er: „Groß." Johannes und ich besprechen die wirklich wichtigen Dinge. Man kann mit ihm ganz gut reden. Jetzt nicht über den Haushaltsstreit und den europäischen Stabilitätspakt, aber für die Praxis reicht es. Also Hochzeit, Party, wann sehen wir uns wieder?

„Bald", sagte ich am Telefon, „dann komme ich und wir machen Urlaub zusammen."

„Ich freu mich schon so", sagte er.

Wenn Johannes was wirklich gut kann, dann sich freuen. Er freut sich, wenn er seine vier Brüder sieht und seine Schwester. Es Mama und Papa gut geht und allen anderen auch. Er freut sich auch über eine gute Tüte Chips und Kaffee mit Schaum. Und einen Löffel darin zum Rühren, so lange, dass andere darüber einschlafen. Ist irgendwann in drei Monaten irgendwo ein Fest, freut er sich jeden Tag im Voraus. Früher hat er sich so doll gefreut, dass er krank wurde, wenn es soweit war. Ich weiß nicht, ob es so etwas gibt wie Überfreude, aber sein Körper hielt die Anstrengung nicht aus, das Trommelfeuer der Glückshormone, zu viel Dopamin. Es war ganz schön traurig, die anderen fuhren weg, und Johannes blieb am Tag eines Ausflugs im Bett.

Jetzt aber war Urlaub. Johannes war über all die Vorfreude nicht krank geworden. Und mit mir in unserem Feriendomizil angekommen, bei uns zu Hause. In Orsoy am schönen Niederrhein. Einer alten Festungsstadt mit einer Fähre über den Fluss und einer Mauer mit Schießscharten.

Johannes schläft gern lang. Mittag war, als er zum Frühstück erschien. Sturmfrei die Bude, das Elternhaus ohne Eltern. Das hatten wir auch noch nie erlebt. Johannes setzte sich in unserer kleinen Küche an das Ende des Tisches, wo er immer sitzt, neben der Tür, und schmierte sich Brötchen, so wie er es immer tut. Mit Marmelade und das alles in Zeitlupe. Könnte auch die Übung eines

Zen-Meisters sein, zum Runterkommen. Ist aber Originalzeremonie von Bruder Johannes. Einatmen, schmieren, ausatmen. Bloß keine Ablenkung und volle Konzentration auf den Augenblick.

Johannes goss heißes Wasser in löslichen Kaffee und strahlte mich an. „Hast du gut geschlafen, Ulrich?" Er war bereit. Sein erster Urlaubstag, und diese herrlichen Brötchen. Johannes ruckelte sich auf seinem Stuhl zurecht, räusperte sich kurz und begann das Festmahl.

„Diese Nahrung ist ein Geschenk der Erde, des Himmels, zahlreicher Lebewesen und das Ergebnis von viel Liebe und Mühe. Mögest du mit Achtsamkeit und Dankbarkeit essen und dich dieses Geschenks als würdig erweisen", sagte ich. Ich war mal in Thailand in einem Schweigekloster und habe da langsames Essen geübt. „Mögest du unheilbare Geistesgebilde erkennen und verwandeln, insbesondere deine Gier, und lernen, noch maßvoller zu kauen."

Johannes schaute nicht mal auf, er war voll fokussiert, in seinem Grund, wie Mystiker sagen würden, verbunden mit seinem Geheimnis.

Gleich würde er aufstehen und sich noch einen Kaffee machen, mit sehr viel Milch und noch mehr Zucker und sich hernach der Mahlzeit des Vortags annehmen und sie in der Mikrowelle aufwärmen, so kenne ich das von ihm. Es war ja schon Mittag, also Zeit für ein Essen. Johannes hat seine Rituale. So können wir natürlich auch den Urlaub verbringen, dachte ich. Ich war schon zehn Stunden wach.

„Und", fragte ich, „weißt du, was du dir wünschst? Hast du es dir überlegt?"

„Ja", sagte Johannes. Er schob den Teller beiseite und wischte sich den Mund ab.

„Ich wünsche mir, Karussell zu fahren." Er strahlte über beide Backen.

Ich runzelte die Stirn. „In echt?"

„Jaha." Er zog dieses Ja so sehr in die Länge, dass es keinen Zweifel geben konnte. „Ja, wirklich", sagte Johannes.

Er leckte seinen Finger ab; das hat er schon als Kind getan, ein halbes Jahrhundert später hatte sich daran nichts geändert.

Und wie früher sagte ich: „Johannes, lass das, das ist nicht sexy, das machen nur kleine Kinder, und du gehst bald schon in Rente."

„Haha", sagte Johannes.

Er spülte Teller und Tasse und war startklar. So begann er, der Sommer unseres Lebens.

Schwere Geburt

Johannes kam auf die Welt, da war ich sieben.

„Er sieht anders aus", sagte ich, „so wie ein Äffchen."

„Das sagt man nicht", antwortete meine Mutter.

Aber irgendetwas stimmt nicht mit ihm, dachte ich, aber mehr dachte ich wiederum auch nicht; ich konnte kaum beschreiben, was ich fühlte und wie ich es sagen sollte.

Er war langsamer als meine beiden anderen Brüder, das stand fest. Johannes lag eher auf dem Boden, als dass er lief. So richtig sprechen konnte man auch nicht mit ihm, hilflos war er und sehr schreckhaft. Wir mussten seine Wörter entziffern, meinst du das? Und mit seinen Fingernägeln zerkratzte er unsere Schallplatten. Heino und Heintje und die anderen hatten einen Sprung.

„Ihr müsst ein bisschen mehr Rücksicht nehmen", sagte meine Mutter. Das meinte auch unser Pastor, wenn ich zum Beichten ging, jeden Samstag. Ich wusste nie, von welcher Sünde ich ihm berichten und was ich falsch gemacht haben sollte; mein erstes echtes Vergehen, an das ich mich erinnere, beichtete ich nicht. Das war, als der Kaugummiapparat von Bille, unserer Nachbarin, ohne Münzeinwurf funktionierte und sich ohne Ende drehen ließ. Ein Kaugummi nach dem anderen purzelte hinaus und ich war reich. Leider hatte Bille das gesehen und ich musste mich, peinlich genug, nach der Strafpredigt meiner Mutter entschuldigen.

Dieses Beichten war mittelalterliche Prozedur: Ich kniete im Gebälk und flüsterte dem Herrn Pastor vermeintliche Geheimnisse ins Ohr. Seine Absolution lief immer auf ein paar Vaterunser hinaus und der Bitte, meinen Eltern eine Hilfe zu sein. Die Mädchen übrigens mussten das Ave Maria beten.

In unserer Straße waren viele Kinder, keines war wie Johannes. Zart und verletzlich und anhänglich. Schmusen war so ein Wort, was ich von ihm in Erinnerung habe. Johannes wollte immer schmusen.

Johannes ist behindert: Keine Ahnung, wann ich dies zum ersten Mal hörte. Wer mir das sagte und ob das überhaupt etwas zu bedeuten hatte. Irgendwann, später, ich war schon älter, fragten mich Freunde, was mit Johannes sei und wie sie auf ihn reagieren sollten, sie seien unsicher und wollten so eine Art Gebrauchsanweisung. Dieses Fragen kam mir immer komisch vor. „Er ist Spastiker und geistig behindert", sagte ich dann. Niemals habe ich mir ein Buch genommen und nachgeschaut, was das nun genau sein sollte. Wir schmusten einfach weiter.

Wir wurden größer, Johannes auch, und erst nach Jahren erfuhren wir, was gewesen war. „Johannes hat keine Luft bekommen bei der Geburt", sagte mein Vater.

„Also zu wenig", sagte meine Mutter.

Ach so. Wir stellten keine weiteren Fragen, meine Eltern legten es darauf auch nicht an. Wir nahmen zur Kenntnis, meine Brüder und ich. Wir konnten laufen und sprechen und streiten und hatten anscheinend genug Luft bekommen.

Meine Mutter und mein Vater fuhren sehr oft mit Johannes zum Arzt und Oma passte auf uns auf.

Irgendwann kam ein Bus und brachte Johannes zu einem speziellen Kindergarten und danach in eine Schule für Körperbehinderte.

Johannes ist das vierte Kind meiner Eltern. Er kam Anfang Mai 1969 auf die Welt, kurz nach der Generalprobe der Amerikaner für die Mondlandung. Mein Vater hatte sich eigentlich ein Mädchen gewünscht, nach drei Jungen in vier Jahren. Es waren, wie man sagte, geburtenstarke Jahre. In unserer kleinen Stadt wurden in einer Nacht manchmal zehn Kinder geboren. Lenchen, die Hebamme, hatte ein Telefon neben ihrem Bett stehen. War es wieder so weit, rief sie den Arzt an und dann ging es los.

Es gab weder Ultraschall noch andere Innenaufnahmen aus dem Bauch der Mutter, und oftmals war die einzige Vorbereitung auf die Geburt, guter Hoffnung zu sein. Väter hatten in Kreißsälen nichts zu suchen, nach der Niederkunft wurde das Kind erst mal zum Waschen und Wiegen auf die Säuglingsstation gebracht. Das war schrecklich, sagt meine Mutter noch heute. Kaum auf der Welt, kamen die Kinder hinter Gitter. In kleine Bettchen, aus denen sie nicht fallen konnten. Und alle paar Stunden wurden sie zum Stillen vorbeigebracht. So war das damals.

Als Johannes geboren war, fragte meine Mutter, ob alles in Ordnung sei. Erschöpft war sie, aber glücklich. Ihr viertes Kind war kein Mädchen, aber ein Kind der Liebe, wie sie immer sagte. „Ja, Frau Hauser, ihr Sohn ist wohlauf, herzlichen Glückwunsch." Meine Mutter war erleichtert, hatte sie doch schwere Geburten hinter sich. Bei meinem zweiten Bruder verfing sich die Nabelschnur und bei mir war der Kopf zu groß für den Geburtskanal. Schwierige Schwangerschaft und viel Aufregung. Die Wehen wollten nicht einsetzen, all das vorher auf ärztliche Anordnung erfolgte Autofahren auf holprigen Feldwegen brachte wenig. Die Zeit drängte. Zuletzt legte sich der Arzt in seiner Verzweiflung auf den Bauch meiner Mutter und presste mit. Rausquetschen wollte er mich, doch ich bewegte mich keinen Millimeter. War wohl zu gemütlich da drinnen. Die Ordensschwestern in unserem katholischen Krankenhaus holten Kerzen, eine Nottaufe vorzubereiten, sollte der erste Sohn nur kurz das Licht der Welt erblicken und dann sterben. Es war ein Drama, ein Dammschnitt wurde eingeleitet, und auch der Name der leitenden Ordensschwester auf der Geburtsstation stand dem Geschehen in nichts nach: Sie hieß Notburga.

Schließlich war ich da, sehr lebendig und sehr schwer, fast zehn Pfund. Der Arzt meinte: „Geben Sie dem Jungen mal ein Butterbrot."

Meine Mutter war also einiges gewohnt und froh, dass bei Johannes wohl alles in Ordnung war, keine weiteren Komplikationen.

Die ersten Wochen nach der Geburt aber schrie Johannes nur. Kinder schreien, das ist normal. Aber Johannes wehklagte. Schluchzte. Wimmerte. In ihm das Elend dieser Welt. Nichts half, kein Streicheln, kein Schaukeln. Die Tage wurden zu Wochen, die Wochen zu Monaten, es änderte sich nichts. Johannes stöhnte und keuchte und war kaum zu beruhigen. Die Nächte ein Graus, die Tage auch. Der Frühling ging, der Sommer kam, grelle Schreie. Was war nur mit dem Jungen?

Wir anderen wuchsen und wuchsen, Johannes blieb am Boden. Die Ärzte wussten keinen Rat, außer dem, zu hoffen und zu beten und Geduld zu bewahren.

Manchmal traf meine Mutter die Hebamme auf der Straße und tröstete sie. Lenchen holte ein Kind nach dem anderen raus, aber ihr Wunsch nach einem eigenen wurde ihr versagt, über lange Jahre.

„Das wird schon", sagte meine Mutter, „seien Sie ganz beruhigt, eines Tages wird es klappen."

„Und Ihnen geht es gut, Frau Hauser", fragte die Hebamme, „und dem Johannes auch?"

„Ja", sagte meine Mutter. „Johannes schreit ganz viel und kann schlecht schlafen. Aber das wird wohl noch werden."

Mit 38 schließlich bekam die Hebamme ihr erstes und mit 42 Jahren ihr zweites Kind. Lenchen aus Vierlinden am Niederrhein, während des Krieges mit ihren Eltern über den Rhein gezogen zu uns nach Orsoy, nicht weit von Duisburg. In ein kleines Städtchen am Rand des Ruhrgebiets, wo jeder jeden kannte und es ein Krankenhaus gab, das weithin bekannt war wegen seiner guten Ärzte und der Geburtsstation. Im Marienhospital, das der Mutter Gottes gewidmet war, der Trösterin der Betrübten.

„Maria, breit den Mantel aus", sangen wir auf jeder Wallfahrt, „mach Schirm und Schild für uns daraus, lass uns darunter sicher stehn, bis alle Stürm vorübergehn, Patronin aller Güte, uns allezeit behüte."

Hat bisher, so im Großen und Ganzen, so weit ganz gut geklappt.

An ihre erste Geburt als Hebamme erinnert sich Lenchen noch gut: „Das war die von der Tankstelle", sagt sie. „1961 geboren und schon zwei Jahre später tot, Hirnhautentzündung, ein Mädchen." Von meiner Geburt ein Jahr später kann sie auch noch erzählen. „Du warst ein Zehnpfünder. Ein dickes, stabiles Kind."

Es kann viel passieren bei einer Geburt. Auch heute noch. Dass die Fruchtblase platzt, noch vor den Wehen, und der Muttermund sich nicht öffnet. Das Kind nicht mit dem Kopf zuerst, sondern mit dem Steiß nach draußen strebt, und nicht zu sehen ist, ob es richtig atmet, zum Beispiel.

Manche Kinder wurden mit der brachialen Kraft einer Saugglocke geholt oder einer Zange, so war es früher; ein Trauma, wenn der feststeckende kindliche Kopf auch noch in die Zangenblätter geriet. Wurde es noch dramatischer, wurde die werdende Mutter narkotisiert, und Lenchen saß stundenlang hinter ihr und träufelte zur Betäubung Äther auf eine verchromte Maske, die über die Nase gezogen war. Das kam gottlob selten vor, und von den 5.000 Kindern, denen sie auf die Welt half, hatten nur wenige eine schwere Geburt.

„Und bei Johannes? Wird wohl alles auch gut gegangen sein", sagt Lenchen heute. Sie ist mit ihren 90 Jahren ein paar Monate älter als meine Mutter und bei bester Gesundheit. „Ich kann mich nicht erinnern, dass Johannes eine schwere Geburt war", sagt sie, „wir hätten es gewusst."

Stab im Rücken

„Wir könnten auch auf den Spielplatz gehen", sagte ich. Schaukeln. Ich wusste nicht, wo ich nun ein Karussell herbekommen sollte. Johannes kennt von mir, dass ich ihm Wünsche erfülle. Oder es zumindest versuche. Früher, wenn ich zu Freunden ging, wollte er mit. Und ich nahm ihn immer mit, egal zu wem.

Johannes war immer dabei. Für meinen Bruder Stephan wurde die Reaktion der anderen auf ihn gar zu einem Ausschlusskriterium bei der Wahl einer Freundin: Guckte die komisch, wenn sie Johannes sah, war es das. Niemand von uns konnte sich vorstellen, mit einem Mädchen zusammen zu sein, das Johannes ausschloss. Er war unser Maßstab für unsere Vorstellung von Liebe und der Vermessung der Welt. Was das anging, orientierten wir uns an unserem Bruder. Was falsch war und was richtig: Johannes half uns zu verstehen.

Wir machten uns keine weiteren Gedanken. Johannes war da, und es war gut so. Man konnte keinen Marathon laufen mit ihm, aber wer wollte das schon.

„Nein, kein Spielplatz." Johannes zog die Augenbrauen hoch. Fand ich in Wahrheit jetzt auch keine gute Idee.

„Schaukeln, nicht gut?"

„Ach, nee." Ich wusste, Johannes schaukelt für sein Leben gern.

„Achtung, Johannes, jetzt ganz gut festhalten, sonst fällst du hinten herunter", hatte ich früher immer gesagt. Die Leute guckten und sagten: „Das ist doch viel zu gefährlich für den Jungen, lass das."

So sind wir miteinander groß geworden, immer ein bisschen mehr, immer ein bisschen drüber über dem, was andere dachten. Stephan legte sich beim Schlittenfahren sogar auf Johannes und sauste mit ihm den Berg herunter. Den Berg hoch brauchte Johannes eine Hand, und gut war es.

Fahrradfahren ging auch mal, für eine kurze Zeit, auf einem Dreirad. Johannes sang eine Zeit in einem Chor, und bei Landessportfesten war er in weithin unbekannten, aber nicht weniger fordernden Wettbewerben erfolgreich. Zum Beispiel im Weitwurf von Reissäckchen. Dem Rollen von Riesenbällen. Und im 20 Meter-Hindernisgehen. Alles keine olympischen Disziplinen, aber eben auch anstrengend. Am liebsten war er mit uns unterwegs, seinen Brüdern, keine Party ohne Johannes. Ich möchte auch nicht ausschließen, dass wir manchmal mit ihm angegeben haben; weniger mit seiner Behinderung als unserem Bemühen, uns zu kümmern und Wünsche von den Lippen abzulesen. Fähigkeiten, die ja auch im Umgang mit Frauen nicht zu unterschätzen sind. Es gab auch nie, soweit erinnerlich, unangenehme, brüskierende oder blamable Situationen. Ein jeder nahm Johannes so, wie er ist und an die Hand, auch versuchte keiner, ihn bloßzustellen. Nur einmal wurde es unangenehm. „Du weißt", meinte vor Jahren mal ein Bekannter meines Vaters, „was früher mit deinem Bruder passiert wäre, oder?"

Johannes und ich waren Eis essen, ich ging noch in die Schule, und wir trafen den Mann auf der Straße. Ich wusste, dass er als junger Mensch Nationalsozialist gewesen war, wir sprachen oft darüber. Ich war auf alles gefasst.

„Man hätte ihn", er führte die Hand an seine Gurgel, „also das mit ihm gemacht."

Er sagte das so gleichgültig und ohne sichtliche Regung, dass ich zu erschrocken war, ihn zu fragen, wie er das wohl meinte.

1969, als mein Bruder geboren wurde, waren viele noch da, die mitgemacht oder geschwiegen hatten und nun verdrängten, was war und wie es war, amtlich zu einem Krüppel gestempelt, gequält, gedemütigt, getötet zu werden.

Johannes löffelte genüsslich eine Erdbeereis-Kugel, es war ein absurder Moment in hellstem Sonnenschein. Wie ein Überlebender, der den Sieg davongetragen hatte, stoisch genießend. 29 Jahre früher hätten sie ihn aussortiert, abgeholt und weggesperrt. Lebensunwertes Leben. Nicht arbeitsfähig.

Eine Belastung. Weil krumm. Und geistig nicht ganz auf der Höhe.

An Menschen wie ihn hätten die Nazis probiert, wie ein Massenmord zu organisieren sei.

Bereits zu Beginn des Krieges begannen Einsatzgruppen in Polen, psychisch kranke und behinderte Menschen aus Heimen zu holen und zu erschießen. Im Oktober 1939 wurde in Posen ein Bunker abgedichtet und Hunderte Bewohner einer nahe gelegenen psychiatrischen Anstalt vergast. So begann es; bis zum Kriegsende brachten die Nationalsozialisten 300.000 Menschen mit Behinderungen um. Für sie waren es „Ballastexistenzen". Ein besonders perfides Wort in der Schreckenssprache einer totalitären Ideologie.

Es dauerte Jahrzehnte, bis über all dies gesprochen werden konnte. In diese Stimmung wurde Johannes hineingeboren, in Scham und Schweigen. Noch gab es die Worte, die Menschen wie seinesgleichen herabwürdigten. Schwachsinnige, Krüppel, Idioten, so wurden sie genannt. Und viele dieser Kinder zu Hause verwahrt, verzweifelte Eltern, verständnislos. Noch 1973 verweigerten evangelische Pfarrer behinderten Jugendlichen die Konfirmation. Urlaubsgäste verlangten Rückerstattung, sie fühlten sich in ihren Ferienhotels vom Anblick behinderter Menschen gestört. Gemeindeverwaltungen verhinderten den Bau von Heimen, weil „unseren gesunden Kindern" der „Anblick dieser armen Teufel nicht zugemutet" werden könne. Universitäten lehnten ab, Wohnraum für behinderte Studenten zu schaffen. Die Stimmung war mancherorts wie 1920 im preußischen Invalidengesetz beschrieben: „Der Krüppel als solcher gehört in eine Anstalt."

Nur für die Hälfte der Betroffenen gab es Schulunterricht. Kaum Ärzte, die sich auskannten, wenig Wissen. Behinderungen wurden erst sehr spät oder gar nicht erkannt und damit Therapiemöglichkeiten oder gar Heilungschancen verpasst. Es gab keine gesetzliche Meldepflicht, die Ärzte wehrten sich erbittert. Die einen sahen das besondere Vertrauensverhältnis zu ihren Patienten gefährdet, die anderen verwiesen in ihrer Abwehr auf das Unheil des Nationalsozialismus, als Kinderärzte verpflichtet waren, die Geburt körperlich oder geistig behinderter Menschen zu melden. Um sie dann zu töten.

Nun aber war der Krieg vorbei und die Welt ein Wirtschafts-
wunder. Was geschehen, sollte verschwiegen und vergessen werden.
Nicht auch noch darüber reden, ist gut jetzt. Das war die Situation in jener Zeit. Damals nach den vermeintlichen Ursachen
einer Behinderung gefragt, nannten die meisten Menschen Verer-
bung, Trunksucht oder andere Krankheiten. Drei von zehn wiesen Eltern die Schuld für ein behindertes Kind zu. Zwei Drittel
befürworteten eine Verbannung in ein Heim, möglichst weit weg.
Jähzornig seien diese Behinderten, böswillig, stumpfen Sinns und
eher abartig veranlagt.

Demut, Dankbarkeit und das Erdulden des Unabwendbaren:
Dies war, was die Gesellschaft behinderten Menschen und ihren
Eltern und Geschwistern abverlangte. Lieb sollten sie sein und
dankbar für jede Wohlfahrt. Noch Anfang der 1970er-Jahre war
vielen Behörden nicht bekannt, wie viele Behinderte der Hilfe bedurften.

Dies änderte sich, als sich mehr und mehr Menschen und auch
meine Eltern in Selbsthilfegruppen organisierten. Sich nicht abfinden wollten mit organisierter Lethargie und Teilnahmslosig-
keit. Sie fanden einander und tauschten Erfahrungen aus, das tat
gut. Fühlten sich ermutigt und geschätzt in ihrer Mühe, luden Ex-
perten zu Gesprächsrunden und dachten weniger in Einschrän-
kungen denn in Möglichkeiten. Als erster deutscher Staatsmann
forderte Bundeskanzler Willy Brandt in seiner Regierungserklä-
rung 1972 die Solidarität mit geistig und körperlich Behinderten.
„Großer Einfallsreichtum" sei nötig, wenn es um die Wiedereingliederung der Behinderten in den Arbeitsprozess gehe. „Es ist",
sagte er, „durch bewundernswerte und geduldige Arbeit bewiesen

worden, wie viele von ihnen zur Rehabilitation fähig sind, wenn man sich ihrer nur annimmt."

In der Folge änderten sich Gesetze und Zuständigkeiten. Und so langsam nahm man sich der Probleme an.

Johannes wuchs hinein in eine Zeit des Aufbruchs. Und des Entsetzens, was geschehen war. Über Barmherzigkeit hinaus wurden neue Debatten geführt, was Menschsein bedeutet. Dass ein Mensch innerlich stärker sein kann, als es sein äußeres Schicksal vermuten lässt. Menschliche Größe sich nicht an Erfolg oder Reichtum bemisst, sondern eben auch an kleinen Gesten; der Berührung, der Zuneigung, des Verständnisses. Dass in jedem Menschen etwas ist, das unzerstörbar ist und nicht sterben kann. Ausdruck einer erhabenen Gesinnung. So, wie ich diese auch bei Johannes erlebe und seinen behinderten Freunden.

Es gibt spannende Umfragen unter Menschen mit schweren Behinderungen. So schätzt jeder Zweite seine Gesundheit als gut oder sehr gut oder hervorragend ein. Johannes sagt das auch von sich: „Hauptsache gesund."

Zum Staunen schön, diese Worte. Besonders nach den vielen Operationen, die mein Bruder hinter sich hat. Und den vielen kleinen und größeren Krankheiten, die er tapfer ertrug.

So zahlreich waren diese, dass sie hier gar nicht aufzuzählen sind. Sehr gefährlich aber wurde seine Skoliose. Dieses Wort, abgeleitet vom griechischen *skolios*, was so viel wie krumm bedeutet, beschreibt die seitliche Verdrehung des Rückgrats bei gleichzeitiger

Verdrehung der Wirbel. Es ist ein langsamer Prozess, den niemand aufhalten kann. Die Rippen drücken auf Herz und Lunge, das Atmen wird immer schwerer. Herzrasen, Verdauungsprobleme und das Gefühl, dass da eine unsichtbare Macht ist, die dich mit jedem Tag mehr erdrückt.

„Sie müssen was unternehmen, Frau Hauser, Ihr Sohn sollte sofort operiert werden, es ist dringend." Meine Eltern waren verzweifelt, so viele Arztbesuche hatten sie schon hinter sich, so viel schon geleistet, so viel gelitten, mit ihrem Sohn und für ihren Sohn. Lange rangen sie um eine Entscheidung. Es würde ein gefährlicher Eingriff sein, fordernd und kompliziert. Die Ärzte wollten eine lange Stange im Körper ihres Sohnes anbringen, mit Schrauben an der Wirbelsäule befestigt, dass diese wieder aufgerichtet wird. Schließlich machte der Tod eines anderen Patienten, dessen Eltern zu lange gezögert hatte, ihnen ein Ja leichter.

Kurz vor seinem 18. Geburtstag musste sich Johannes dieser heftigen Operation unterziehen. Die Ärzte setzten ihm einen Stab ein, aus rostfreiem Stahl, oberhalb und unterhalb der Wirbelsäulenverbiegung mit Haken eingehängt. Dieses Implantat aus Laminadrähten und Haken und Schrauben, in Kombination mit einer Versteifung der Wirbelsäule, sorgt seitdem dafür, dass diese nicht weiter auf die inneren Organe drückt. Bei einer starken Skoliose ist die Muskulatur nicht fähig, die Verbiegung auszugleichen. Es kommt deshalb zu chronischen Beschwerden, die meist mit Rückenschmerzen verbunden sind. Die waren anfangs noch zu ertragen; aber mit der Zeit wurden sie unerträglich, Johannes krümmte sich vor Schmerz.

Fünf Stunden dauerte der Eingriff: das Versteifen, Befestigen,

Zementieren. Danach durfte Johannes sich ein Jahr lang nicht bewegen, wir stellten sein Bett ins Wohnzimmer. Dort, wo früher unser Milchladen war, unsere Eltern hatten ein Lebensmittelgeschäft, lag er nun im Schaufenster. So konnte er zumindest nach draußen schauen. Manchmal klopften Bekannte ans Fenster. Johannes ertrug es tapfer, ihm blieb nichts anderes übrig. Er ist keiner, der klagt. „Macht Mama ja auch nicht", sagt Johannes immer.

Vorher hatte er ein Korsett tragen müssen, bestimmt über ein Jahr lang, einen Winter und einen Sommer, Tag und Nacht. Es tat weh, es war eine Tortur, Johannes konnte sich im Bett nicht umdrehen. Das Korsett trieb seinen Körper in die Enge; so wollten die Ärzte das Wachstum der Wirbelsäule lenken und die Krümmung in den Griff bekommen. „Rechtskonvexe lumbale Verkrümmung von 55 Grad", stand im Arztbericht. „Kongenitale Missbildung mit Hemimetamerie linksseitig im Bereich des lumbo-sacralen Übergangs."

„Der Junge hat furchtbar gelitten", sagt meine Mutter. Dieses Korsett war wie ein Gefängnis, mit vertikalen Streben wie Gitter. Unter ihnen bildeten sich Druckstellen und die Haut scheuerte sich wund. Immer wieder musste meine Mutter durch die Lücken Salbe auftragen, dass die Wunden nicht so sehr schmerzten.

Später lernte Johannes wieder das Gehen, lernte, allein zu stehen, lernte, seine Angst zu beherrschen vor einem Sturz. Aber mit der Zeit wurde die Angst wieder größer und das Gefühl, sich seiner nicht sicher zu sein. Gefangen in einem Körper.

Johannes darf nicht fallen, hatte uns unsere Mutter eingetrichtert, niemals. Niemand von uns wollte sich vorstellen, was dann sein würden, wir fragten nicht danach und mochten es auch nicht wissen.

Und immer wieder dieser Spagat, was kann Johannes, was schafft er noch, was darf er nicht. Und immer wieder aufstehen und immer wieder sagen, es geht doch.

Jetzt wollte er, mit diesem Stab im Rücken, Karussell fahren. So im Kreis. Mit Kette.

Und ich hatte ein Problem. Aber ich bin sein großer Bruder.

Kettenkarussell

Es ist ein Wagnis, Menschen nach ihren Wünschen zu fragen. Ein Risiko, das Enttäuschung in sich birgt. Gerade weil behinderte Menschen abhängig sind von anderen und selbst, wenn sie wollten, nicht allein durchs Leben gehen können, muss man mit Versprechen vorsichtig sein.

Blöd also ist, wenn man nach einem Wunsch fragt und diesen nicht erfüllt. Sich so nach und nach zurückzieht und winzig wird. Wenn man so tut als ob. Und dann doch nichts passiert. Nach Ausflüchten sucht oder die Vernunft bemüht, warum etwas nicht klappt. Manipuliert. Sich dies eher traut bei Menschen, die Enttäuschungen kennen und nicht so viel erwarten und sich von klein an angewöhnt haben, klein beizugeben. Und dann gleich einlenken, um einmal mehr nicht wieder enttäuscht zu werden, weil von allein nichts geht und sie auch keine andere Chance haben. Weil sie angewiesen sind auf andere. Deren Gunst und deren Laune.

Johannes also wird schon oft enttäuscht worden sein. Im Kleinen wie im Großen. Er lässt sich das nicht anmerken, sagt dann „schade", ist dann aber auch eher nicht nachtragend oder gar fordernd. Ich hätte ihn leicht ablenken und seinen Wunsch in eine andere Richtung lenken können, beiläufig, aber bestimmt. Aber es widerstrebte mir.

Seit ich Johannes kenne, also selbst ein bisschen mehr denken kann, was ja an sich schon nicht verkehrt ist, möchte ich wissen, was ihm durch den Kopf geht. Was er denkt von den Dingen, über Leute, wie er das Leben sieht. Manchmal, Weihnachten, wenn die Bescherung vorbei war und die anderen im Bett, setzte ich mich zu ihm und fragte ihn aus. In der Hoffnung, ihm spät in der Nacht Geheimnisse entlocken zu können, in der Hoffnung, dass da doch so viel mehr ist, als sich offenbarte. Es war der Wunsch, das Geschehene vergessen zu machen, und dass es so werde, wie es noch nie war.

Was Johannes zum Beispiel über seine Behinderung dachte und darüber, dass er so viele Dinge nicht tun kann, die für andere selbstverständlich sind. Ich hatte aufgegeben, Johannes danach zu fragen, vielleicht hatte ich auch Angst vor einer Antwort, wer weiß. Aber plötzlich, während wir dasaßen und überlegten, was wir anstellen sollten mit diesem Sommer, rutschte diese Frage doch aus mir heraus. Die Frage danach, ob ihm bewusst sei, behindert zu sein. Und was das für ihn bedeute.

„Mmmh", meinte Johannes. Er kratze sich am Kopf und sagte zu meinem Erstaunen: „Ich muss überlegen." Ich wartete. Nach ein paar Sekunden meinte Johannes: „Ich kann nicht allein rausgehen. Nicht allein einkaufen. Nicht allein spazieren gehen, da bin ich traurig darüber. Aber ich kann da nichts dran ändern."

Puh, ich seufzte. Ein Schauer durchfuhr mich, so hatte ich meinen Bruder noch nie sprechen gehört. Ich schluckte und wagte mich weiter vor.

„Sag mal, Johannes", fragte ich, „was glaubst du: Sagst du das, weil deine Behinderung dich vor dieser Traurigkeit schützt und du dich deshalb damit abfindest? Oder ist es eine Entscheidung von dir?"

Johannes machte wieder eine Pause und sagte dann: „Es ist eine Entscheidung."

Wow, so hatte ich noch nie mit meinem Bruder gesprochen. Ich war gerührt und ließ mir nichts anmerken. Konnte es sein, dass wir unseren Bruder immer unterschätzt haben und nie die richtigen Fragen stellten? Unsere eigene Sprachlosigkeit ihm überantworteten, den Schmerz nicht zu spüren? Sich einmal tief und ehrlich in dieses Gefühl zu begeben, ausgeliefert zu sein und die Dinge nicht in der Hand zu haben? War es das? Umso größer, was Johannes da von sich gab, ohne dramatisch zu werden, voll Pathos oder Selbstmitleid. Kein Aufbegehren, ein sich Ergeben: sich seiner eigenen Schwäche bewusst und gerade deshalb unglaublich stark.

Ich fragte weiter: „Findest du, dass manche Leute zu viel meckern, wenn sie was nicht können, im Gegensatz zu dir?"

„Ja", sagte Johannes.

„Und was denkst du dann?"

„Das ist schwer zu sagen", sagte Johannes. „Es ist doof, dieses Herummeckern."

Wir kamen nicht weiter, weil Johannes die Worte fehlten. Aber ich ahnte, was er sagen wollte: Er würde gerne etwas ändern, vermag es aber nicht. Andere könnten, wagen es aber nicht.

Für mich glich dieses kurze Gespräch einem Weltereignis. Wie, wenn einer aus einem langen Schweigen erwacht. Jahrelang nach Worten gesucht, um Worte gerungen hat, und plötzlich waren sie da.

„Träumst du manchmal, Johannes?"

„Ja", sagte er, „ich träume manchmal vom Fliegen. So wie Karlsson vom Dach mit einem Propeller. Ich fliege zu meinen Freunden und sie passen auf mich auf. Zu Martin und Barbara, Biggi und Irene. Lou und Dani."

Ich war erstaunt, das hatte Johannes mir noch nie gesagt, ich hatte ihn das aber auch noch nie gefragt.

„Deshalb also Kettenkarussell, weil du fliegen möchtest?"

„Genau!"

Ich stellte mir vor, wie Johannes schwebte und juchzte und jauchzte. Der Schwerkraft entfloh und ihm Flügel wuchsen. Völlig losgelöst von der Erde, den Wind um die Ohren. Große Freiheit für einen kurzen Moment. Dieses innige Gefühl, wie es auch sein könnte: das Leben ein Schweben.

Ich verstand sofort. Auch ich träume ständig vom Fliegen und erlebe nachts die schönsten Dinge. Ich steige in die Luft und alle sagen, das gibt es doch nicht. Guck mal, da fliegt einer. Und ich denke mir, ja, es ist gar nicht so schwer, probiert es doch auch einmal. Die Landung ist manchmal ruppig, aber so schwierig auch wieder nicht. Dann wache ich auf und denke: Was war das denn, kann ich das bitte noch einmal erleben? Den siebten Himmel, im Liegen? So fühlt sich Glück an. „Ist das bei dir auch so, Johannes?"

„Nee", sagte er, „so nicht. Ich habe ja meinen Propeller."

„Da ist die Landung weicher?"

„Genau! "

Ich träumte für Johannes weiter. Wie er auf dem Karussell abheben würde. Am Anfang sehr langsam, und dann immer schneller, die Beine baumelnd, bis er über allen schwebte, über unseren Eltern, die unten standen und nur noch staunten. Alles war so einfach. Ein Kinderspiel. Und dann, plötzlich, löst sich eine Schraube, Johannes kann sich nicht mehr halten und fällt raus. Stürzt gellend schreiend zu Boden. Und jäh war der Traum zu Ende. Da war sie wieder, die Angst meiner Kindheit, und auch noch die von heute, um meinen Bruder.

„Johannes", sagte ich, „was ist, wenn was passiert, was ist dann? Ich meine, ein Unfall. Ein Kettenkarussell ist auch gefährlich."

„Ja, da haste auch wieder recht", sagte Johannes, er ist auch vernünftig.

Von mir kann man das nicht immer sagen. Aber ich wollte Johannes seinen Traum erfüllen. Nicht leichtsinnig, aber großzügig. Während Johannes wie gewohnt die Grenzen seines Seins annahm und sich wieder mit Hingabe seinem Marmeladenbrötchen widmete, ging mir sein Wunsch nicht aus dem Kopf. Mir war ja klar, nach welchem Gefühl er sich sehnte. Was tun? In Gedanken ging ich die Jahrmärkte am Niederrhein durch und suchte nach Fahrgeschäften.

Eher unwillig würde ich mit Johannes dorthin fahren, weil es auch nicht einfach ist, ihn durch eine unbekannte Menschenmenge zu bugsieren. Auf unseren Schützenfesten zu Hause war das anders. Da kannten ihn alle und nahmen Rücksicht. Und zur Not war ich ja immer da, als Leibwächter. Bruder Bodyguard.

Ich war ein paarmal mit solchen Jungs unterwegs und hatte mir abgeschaut, wie sie Situationen meistern. Sie checken, wer wo steht, und achten auf die kleinsten Bewegungen. Nah am Mann bleiben, ihn nicht aus den Augen verlieren. Ich halte also Johannes den Rücken frei oder strecke meine Arme so, dass Johannes zwischen ihnen Schutz findet. Warne ihn: „Achtung, jetzt könnte es laut werden, nicht erschrecken." Und dass nur keiner in seine Richtung kippt; so spät am Abend, auch mal eine schöne Erfahrung, ist Johannes einer der wenigen, der sich noch senkrecht hält. Später, mit dem Rollator, fuhren wir Schneisen ins Festzelt. Beim Einzug des Johannes teilte sich die Menge wie einst Moses das rote Meer.

Ich staune immer wieder, wie viele Leute Johannes kennt. Ein lautes Hallo. Niemals habe ich einen Menschen getroffen, der meinem Bruder abfällig begegnet wäre. Nicht mal mitleidig. Bei uns in Orsoy, dieser großen Gemeinschaft mit vielen Vereinen und Linden auf den Wällen und dem Rhein davor. Johannes wurde in diesem Zusammenhalt groß, mit einer Mutter, die von Haus zu Haus lief, für die Caritas Spenden zu sammeln, und sich kümmerte um Menschen in der Not. Einem Vater, der für jeden ein gutes Wort hatte, und weil er so gerne singt, vielleicht lieber Sänger geworden wäre als Milchmann. Und uns Geschwistern, die sich keinen Kopf machten um ihren Bruder. Der ihnen nur manchmal leidtat, weil er im Sommer nicht mitgehen konnte zum Baden, Baggerloch war nun wirklich zu gefährlich. Aber sonst? War eigentlich nichts unmöglich.

Johannes macht es uns aber auch leicht. Er ist die beste Laune in Person. Hat etwas Feierliches an sich. Eine unbekümmerte Fröhlichkeit. Lebensfreude. Wenn man ihn trifft, ist gleich gute Stimmung. Er lacht dich an und sagt gleich: „Na, alles klar bei dir?"

Das ist keine Frage, es ist eine Feststellung. Philosophisch fast: Natürlich ist alles klar. Ich bin am Leben, wir sind am Leben, was wollen wir mehr? Gibt es ein Problem, und wenn nein, welches nicht? Wie geht es dir? Mir geht es gut, sehr gut sogar.

Johannes schaute mich zufrieden an: „Wann fahren wir?"

Mutter

„Er ist so langsam", hatte sie ihren Freundinnen gesagt. Den anderen Müttern, von ihnen gab es viele in unserer Stadt. Langsam war das Wort, was ihr einfiel, den Zustand zu beschreiben. „So kenne ich meine Kinder nicht", sagte sie. Die anderen versuchten zu trösten. Bei meinen war es am Anfang auch so und so. Ida, das wird schon. Du musst ein wenig Geduld haben. Das wächst sich aus. Der Johannes ist ein Spätzünder. Solche Sätze.

Es wurde aber nicht besser. Da half auch das Beten nicht, bitte, lieber Gott. Johannes blieb hilflos und schreckhaft und ängstlich. Er verlangte nach ständiger Aufmerksamkeit und ließ meine Mutter keine Sekunde aus den Augen. Sie versuchte, ihn zu lesen, in seinen Gesten, in seinen Blicken. Manchmal kam ein Lächeln zurück, manchmal ein Stöhnen. Stundenlang saß sie mit ihrem Jungen im Zimmer, einsam und voller Sorge. Las ihm aus Büchern vor, hielt seine Hand, streichelte sie. Strich ihm übers Haar, immer und immer wieder, um ihn zu beruhigen. Manchmal griff ihr Johannes in die Locken, so fest, dass sie sanft seine verkrampften Finger lösen musste. Und wenn Johannes krank war, fragte sie: „Was hast du denn?", und Johannes konnte doch nicht sagen, was war. So oft weinte sie, und sie wollte nicht, dass es jemand sah.

Johannes war in seiner Welt gefangen, ein stummer Bote. Was

mochte in seinem Kopf vorgehen? Meine Mutter stellte Fragen, von denen sie wusste, dass sie keine Antworten bekommen würde.

Vielleicht täuschte sie sich auch in ihren Ahnungen, alle beruhigten sie, es war ja auch anstrengend, es ist ja auch anstrengend mit vielen Kindern. Und dazu noch der Laden, ein Milchgeschäft, in dem sie von morgens bis abends stand, während die Oma hinten in der Küche die Kinder hütete.

Sie hatten das Geschäft von meinen Großeltern übernommen, gegenüber der Kirche. Butter, Eier, Quark und am Sonntag frisch geschlagene Sahne, nach der die Leute anstanden. Mein Vater fuhr jeden Morgen um drei in die Molkerei. Danach fuhr er Kundschaft, wie er sagte, und stellte den Leuten Milch vors Haus. Hatten sie was vergessen, riefen sie an und unser Vater schickte uns los mit dem, was fehlte. Milchmänner waren wir.

In den Ferien waren wir Kinder auf seiner Runde dabei. Erst wurden die Bäcker beliefert, dann das Krankenhaus und das Altersheim. Mein Vater hielt fast vor jedem Haus und arbeitete sich in den kleinen Straßen Meter für Meter vor. Die Leute warteten geduldig vor seinem Wagen, für jeden hatte er ein gutes Wort und oft auch einen Scherz übrig. Unser Geschäftsprinzip war Kommunikation. Mag Lieferservice heute das große Ding sein, wir hatten es schon früher drauf. Man muss freundlich sein, meinte mein Vater.

Die Familie war mein Trainingslager. Für Liebe und Mitgefühl. Mit Johannes erst recht. Er durfte nicht fallen, ihm durfte nichts passieren. Das war Auftrag und Berufung zugleich. Sahen wir von Weitem einen Hund, hielten wir Johannes noch fester an der Hand. Guckte einer komisch, lachten wir zurück. Irgendwie waren wir auch ein bisschen stolz, uns kümmern zu können. Beschützer zu sein.

In unserer Stadt waren alle mit allen verbunden. Johannes wurde groß in diesem Gefühl der Gemeinschaft. Wir gingen nicht aus dem Haus, ohne zu grüßen, wir grüßten den ganzen Tag. Als Kind imponierte mir immer, wen mein Vater alles kannte und wer zu uns nach Hause kam, auf einen Kaffee oder ein Bier. Die Bude war immer voll. Zu unmöglichsten Zeiten standen Bekannte vor der Tür und wollten rein. Johannes, behaupte ich mal, kennt gar nicht das Gefühl, allein zu sein.

Doch der Anfang war schwer. Und am Anfang war seine Mutter, sie brauchte er, sie vermisste er, ohne sie war alles nichts. Meine Mutter war seine Lebensversicherung, all sein Denken und Fühlen fand Heimat in ihr. Unsere Mutter nahm die Aufgabe an, so gut es ging und so gut sie konnte. Ihre Tränen sollte niemand sehen.

Oft wurde ihr der Gang in die Kirche zur einzigen Auszeit. Ein wenig Ruhe, keine Kinder. Die eine Stunde in der Kirche, im Gebet verbunden mit dem lieben Gott. Bei uns war Gott immer lieb, erst später stellten wir Fragen. Im Zwiegespräch und in der Stille fand meine Mutter Trost. Und schöpfte Kraft. In der Kirche wurden gute Geschichten erzählt. Von Blinden, die wieder sehen konnten. Und von Lahmen die wieder gehen. Steh auf und geh. Furcht gibt es in der Liebe nicht, so steht es im ersten Brief des Johannes, sondern die vollkommene Liebe vertreibt die Furcht.

Wer glaubt, wird selig, sagte der Pastor.

Aber dann, eines Tages, hatte das Hoffen ein Ende. Johannes blieb ungeschickt beim Greifen und Halten. Die ersten eigenen Worte, sie wollten nicht aus seinem Mund. Meine Mutter hatte ja den Vergleich. Ungeduldig war sie, ja; aber mit Geduld und gut gemeinten, aber doch verletzenden, weil ihre Gefühle nicht ernst nehmenden Worten konnte man ihr jetzt nicht mehr kommen. Floskeln wie jene, dass alles gut wird, sagt man ja gern, wenn einem nichts einfällt oder man so tut, als wüsste man. Alles wird gut: woher soll man das wissen?

Jedes Mal, wenn sie Johannes zu füttern versuchte, fiel sein Kopf nach hinten. Sie legte ihre Hand unter sein Genick, um den Kopf in Ruhestellung zu halten. Sobald sie ihre Hand wegnahm, fiel er wieder zurück. Die Kiefer pressten fest aufeinander, der Mund verzog sich zur Seite. Johannes konnte nicht aufrecht sitzen, ein Berg von Kissen stützte ihn. Etwas war nicht in Ordnung, etwas, wofür meine Eltern keinen Namen hatten und was sie nicht kannten.

Meine Mutter fuhr zum Arzt, wahrscheinlich eher zweifelnd als hoffend. Ein erster Impftermin stand an, gegen Tetanus, Diphtherie und vielleicht sogar Kinderlähmung. Das ist eine ansteckende Krankheit, gegen die eine Spritze helfen soll.

Johannes aber war schon gelähmt.

Im Krankenhaus empfing sie die Vertretung ihres Frauenarztes.

„Na, wie geht es Ihnen, Frau Hauser?"

„Eigentlich gut, aber Johannes", sagte sie, „weint die ganze Zeit. Das kenne ich gar nicht von seinen Geschwistern. Er hat auch auf der Fahrt hierher geweint. Er ist sehr schreckhaft und lässt andere nicht an sich heran. Und weint, selbst wenn ich mir einen Kittel anziehe. Nur ein wenig anders aussehe, als er es gewohnt ist. Er weint wenn ich ihn füttere, er bekommt kaum einen Bissen herunter." Meine Mutter streichelte meinen Bruder. „Johannes, sei lieb, die Frau Doktor untersucht dich jetzt."

„Bitte gehen sie raus", sagte die Ärztin und schickte meine Mutter aus dem Zimmer. Johannes weinte noch mehr. Sein Kopf fiel vornüber, er war nicht in der Lage, ihn zu halten. Sein Dasein, ein einziger Jammer.

Ein paar Minuten vergingen, dann rief die Ärztin meine Mutter wieder herein. „Bitte setzen Sie sich. Dieses Kind impfe ich nicht. Mit dem stimmt was nicht. Ich kann Ihnen nicht sagen, was. Sie müssen Ihren Johannes weiter untersuchen lassen. Ich schreibe Ihnen eine Überweisung."

Da war Johannes elf Monate alt. Es ist das Alter, in dem Babys zum ersten Mal versuchen, auf eigenen Füßen zu stehen, sich an Tischen hochziehen oder Stühlen. Das Alter, in dem sie Grimassen schneiden und Becher füllen und ausschütten und in Wäschekörben wühlen. Mama und Papa unbedingt helfen wollen und aus dem Brabbeln heraus erste Wörter bilden und sich auch die Hände ans Ohr halten, so, als wollten sie telefonieren, weil sie sich das abgeguckt haben von ihren Eltern.

Johannes konnte nur weinen.

Es war ja auch zum Heulen.

„Ich werde Sie noch einmal zu Hause besuchen und will sehen, wie Sie Ihr Kind füttern", sagte die Ärztin, „ich kann nicht glauben, dass Ihr Johannes auch beim Essen weint."

Dann kam sie, schob einen Stuhl vor die leicht geöffnete Tür, hinter der unsere Mutter Johannes fütterte, und beobachtete durch den Spalt, wie sie dem weinenden Kind Löffel für Löffel reichte. Und Johannes sich immer wieder verschluckte.

„Stimmt ja, was Sie sagen", sagte die Ärztin. Beruhigend war das nicht.

Sie schickte meine Mutter ins nächste Krankenhaus: „Lassen Sie Ihr Kind dort behandeln."

Mit diesem Gefühl, ihrer Sicherheit beraubt und ins Ungewisse bangend, fuhr meine Mutter los. Im Auto den weinenden Sohn, ein Meer von Tränen. Nichts und niemand konnte ihn trösten. Vielleicht war eine Ahnung in ihm, tief verborgen, dass nichts so werden würde, wie sich seine Eltern das Leben mit ihm vorgestellt hatten. Wie dieses Leben bei anderen war. Und tieftraurig, seine Mutter.

Sie war so allein. Hilflos. Ihre Liebe würde nicht reichen, Johannes gesund zu machen. Er war krank, und er würde wohl krank bleiben. Dies zu verstehen und wirklich zu begreifen, war anstrengend genug. Fragten Freunde nach ihrem Befinden, zuckte sie ihre Schulter. Was sollte sie auch sagen?

Im Krankenhaus wurde aus Ahnung Gewissheit. Die Ärzte hatten Johannes gründlich untersucht. Seinen Kopf vermessen, sein Blut abgenommen, den Atem kontrolliert. Alles, was technisch möglich war, wurde erfasst. Das, was im Kopf los ist. Oder war. Hier ging es nicht mehr darum, reagieren zu können. Die Ärzte erstatteten Bericht über Vergangenheit. Das Unwiederbringliche. Was verloren war.

Starr vor Schreck nahm meine Mutter die Botschaft entgegen. Sätze, die sie nicht einordnen konnte, was würden sie bedeuten? Sie hatte gehofft, gebetet, gebangt. War sie nicht groß geworden mit Wundern und jedes Jahr auf Wallfahrt? Sie kam aus einer Gegend, in der den Menschen die Trösterin der Betrübten erschienen war. In Kevelaer am Niederrhein, nicht weit davon. Dort flehten die Gläubigen zur Muttergottes. Die Gnadenkapelle in der Mitte der Stadt legt Zeugnis ab von plötzlichen Heilungen, die Wände geschmückt mit nicht mehr gebrauchten Krücken und Prothesen als Beweis wundersamer Handlung. Hier finden Menschen ihre Sprache wieder, hier lernen Lahme wieder gehen, hier erfüllen sich Wünsche. Votivtafeln bezeugen Zeichen des Dankes für die Rettung aus Not, Gefahr oder Krankheit.

Mit all dem war meine Mutter groß geworden und ihre Lieblingstante betete jeden Tag den Rosenkranz: Gegrüßest seist du Maria, voll der Gnade.

Glaube, Liebe, Hoffnung, diese drei. Doch ihr Sohn hörte nicht auf zu weinen.

„Der Johannes", sagten die Ärzte, „hat bei der Geburt zu wenig oder keinen Sauerstoff bekommen. Wahrscheinlich hat sich die Nabelschnur um seinen Hals gewickelt, das passiert leider manchmal, und ihn stranguliert. Wir wissen nicht, wann es passiert ist, vor oder während oder nach der Geburt. So sind innerhalb weniger Minuten Hirnzellen abgestorben, vor allem die für höhere Funktionen des Bewusstseins wie Wahrnehmung, Gedächtnis und Koordination zuständigen und empfindlichen Zellen an der Oberfläche des Großhirns. All das ist wohl nicht bemerkt worden, und wenn, dann wäre es zu spät gewesen. Johannes aber, das ist die vielleicht tröstende Botschaft, hat das alles überstanden und gekämpft und jetzt ist er hier und will leben. Und Sie werden ihm dabei helfen, mit all Ihrer Liebe und Zuneigung. Johannes wird es schwer haben, aber Sie können ihm die Dinge leichter machen, mit Ihrem Mann und Ihrer Familie, den Geschwistern. Zuneigung ist wichtig und Geborgenheit."

Sie gaben ihr ein Schreiben mit, eine ärztliche Diagnose, in der noch von hypotonen Kreislaufstörungen und spastischer Spinalparalyse die Rede war, Kraftverlust im Rumpf und Lähmung der Beine. Zudem hatte sich die Wirbelsäule verschoben, die Ärzte nannten dies linkskonvexe Lumbalskoliose.

Ein Drama, das auch heute noch vor und mit der Geburt nicht ausgeschlossen werden kann, nicht durch Pränataldiagnostik, nicht durch einen Gentest. Nicht durch Ultraschall-Untersuchungen, durch Screenings oder Plazentapunktion. Trotz aller Anstrengung in den letzten Jahrzehnten ist es nicht gelungen, den Anteil der betroffenen Kinder zu senken. Es geschieht zwei bis vier von tausend Neugeborenen. Das sind in Deutschland jedes Jahr rund 1.500 Kinder. Jedes Zehnte verstirbt trotz Therapie, viele tragen schwere Hirnschäden davon. Zuerst wird das Kind im Mutterleib blau, dann wird sein Gesichtchen weiß; mit jeder verlorenen Sekunde sterben kostbare Nervenzellen. Die Folgen sind je nach Art und Schwere der Schädigung unterschiedlich. Alles ist möglich, von einer leichten Leseschwäche bis zur mehrfachen Behinderung.

In Europa werden die Daten von Kindern mit angeborenen

Entwicklungsstörungen in einem zentralen Melderegister gesammelt. Am häufigsten sind Fehlbildungen des Herzens, es betrifft acht von 1.000 Geburten. Bei sechs von 1.000 Geburten erkennen Ärzte genetisch bedingte Erkrankungen. Und sechs von 1.000 Kindern kommen mit einer Fehlbildung der Nieren oder des Harnsystems auf die Welt, einem offenen Rücken oder einem sogenannten Wasserkopf.

Jede Geburt bleibt ein Risiko. Das Leben, es ist immer ein Wagnis. Am Anfang. Wie am Ende.

Meine Mutter hatte schon drei Geburten hinter sich. Was würde sein? Würde sie ihrem vierten Kind auch eine gute Mutter sein, geduldig und nachsichtig genug? Würde sie gute Ärzte finden und Therapeuten und Menschen, die ihren Sohn so annehmen, wie er ist? Würde sie genug Kraft haben, für alle ihre Aufgaben, im Geschäft und in der Familie und der Sorge um die anderen Kinder? Elisabeth von nebenan, unsere Nachbarin, tröstete meine Mutter und meinte, sie solle über ihren Schmerz nicht die Sorge für die anderen Kinder vergessen, die seien auch noch da.

Meine Mutter wusste nun, woran sie war. Eine Bestätigung, keine Erlösung. Erschütternd. So viel Zeit verloren, das auch. Ihr war schwindlig.

Johannes weinte weiter. Nach der Untersuchung setzte sich meine Mutter ins Auto. Jemand hätte sie in den Arm nehmen und ihr Trost zusprechen müssen. Es war keiner da. Wir Kinder wussten von nichts und mein Vater fuhr Milch rum. Unterwegs achtete meine Mutter kaum auf den Verkehr, überrollte rote Ampeln, Tränen im Gesicht, wie in Trance. Bis ein Polizist sie stoppte und an die Seite winkte. Ob sie eine Ahnung habe, fragte er, warum er sie nun anhielt.

„Nein", sagte meine Mutter.

Heute sagt sie: „Der Mann hätte mich nie allein weiterfahren lassen dürfen."

Und es war Sommer

„Johannes läuft wieder viel schlechter, das wirst du sehen", hatte meine Mutter noch gesagt. „Er lässt nach. "

Diesen Satz von meiner Mutter zu hören, war nicht schön. Nach diesem Auf und Ab in einem beschwerten Leben, das für Johannes anfangs und wenn überhaupt nur einen Rollstuhl bereithielt. Mit Fußriemen. Aber er hatte gekämpft, das Leben gelernt und nun saßen wir in der Küche. „Können wir jetzt endlich fahren?", fragte Johannes ungeduldig.

Er wollte fliegen, sich im Kreis drehen, er wollte: Urlaub. Mal was anderes. Und ich wollte es ihm ermöglichen. Mir kam eine Idee. Ich rief in einem Fahrradladen an und fragte, ob sie nicht irgendetwas hätten, auf dem man nebeneinander sitzen könne. So eine Art Tandem, nur anders. Es gibt ja mittlerweile alle möglichen Räder, klappbar und faltbar, vom Fahren im Liegen bis zum Liegen im Fahren.

Zu meinem Erstaunen meinte die Dame am anderen Ende der Leitung: „Kommen Sie ruhig, wir haben, was Sie wünschen."

Oh, dachte ich, vielleicht ist das was.

Wir klappten den Rollator zusammen und stiegen ins Auto. Johannes mühte sich schon sehr, er war weniger beweglich und wackeliger auf den Beinen, als ich ihn zuletzt erlebt hatte. Es dauerte eine Weile, bis er saß. Wir drehten das Radio auf und legten los.

„Lalala. Komm, Johannes, lass uns singen", sagte ich, „Herz, Schmerz und dies und das."

„Ach, das ist uralt", sang Johannes weiter, „Kuss, Schluss und sonst noch was, das kennt manchen bald. Denn seit mehr als tausend Jahren, hat ein jeder mal erfahren, doch ohne Liebe kann man nicht durchs Leben geh'n."

Eine herrliche Schnulzen-Polka von Peter Alexander, unvergessen. Johannes kannte so ziemlich alle gängigen Schlager, wenn nicht den Text, dann doch die Melodie, lalala. Er verpasst keine Sendung von Florian Silbereisen und in seinem Zimmer hängt ein Foto von ihm mit Peter Maffay, wir trafen ihn mal nach einem Konzert.

Johannes besitzt wahrscheinlich die größte Schlagersammlung am linken Niederrhein, auf seinem Nachttisch neben dem Bett steht ein CD-Player für gute Laune. Aber jetzt waren wir dran, fahrende Musikanten, das sind wir, tat tam, immer auf Achse, das sind wir, tamtamtam, mit unserem Lied, das nur von Liebe und Leid erzählt. Fahrende Musikanten für immer, tätätä, selten zu Hause für immer, tätätä, wir und unser Lied gehören der ganzen Welt.

So fuhren wir los, die Fenster weit offen und den Fahrtwind um die Ohren. Warme weiche Luft. Wir waren einem Abenteuer auf der Spur, von dem wir nicht wussten, wie groß es werden würde. Es ging nach Xanten, in die alte Römerstadt, über eine lange und gerade Straße, die da schon seit Jahrtausenden hinführte, nicht sehr weit vom Rhein entfernt. Dorthin, wo das flache Land zu ausgedehnten Touren einlädt und Kirchtürme die höchsten Erhebungen sind. Von hier ist es nicht weit nach Holland und zu Tante Gertrud, der Frau von Johannes verstorbenem Patenonkel Willi, der in seinem Dorf und nicht nur dort den Ton angab und in elf von zehn Vereinen Vorsitzender war. Sankt Martin ritt er auf einem Pferd, er führte die Nikolaus-Bruderschaft an und war natürlich Ortsvorsteher. Logo, dass er sich auch um Johannes kümmerte. Gertrud ist eine lebenskluge Frau, die mit ihren Kindern, Enkeln und Urenkeln auf einem Bauernhof lebt und in der Gemeinschaft jung bleibt, mit Mitte 80. Als ich Johannes fragte, was ich über Gertrud schreiben soll, sagte er: „Sie ist lieb, nett und freundlich."

Unser Ziel aber war das Fachgeschäft von *Roll-tech Reineke*, dem Spezialisten für Fahrräder und Dreiräder mit und ohne Motor. Im Internet warb man mit einem großen Versprechen: Geht nicht, gibt's nicht.

„Das sind unsere Leute", rief ich Johannes zu, „die sind wie wir."

„Da hast du auch wieder recht", meinte Johannes nur.

Warum die Besitzer da einen Bindestrich in ihrem Geschäftsnamen etabliert hatten, wird wohl auch nachfolgenden Generationen ein Rätsel sein. Aber der Name war wie eine Verheißung, er versprach Rock 'n Roll.

Johannes, das ist unser Laden. Vor der Tür standen startklar Dreiräder, und erst mal drinnen: ein Paradies für jeden Fahrradfreund. In jeder Lage, warum sitzen, wenn man auch liegen kann. Räder mit aerodynamischem Profil und mehr Energie für den Anschub nach vorn. Für Stock und Stein und Sportskanonen. Welche zum Falten und welche zum Klappen. Gemufft und gut gefedert, schwungvoll und elegant, und alles war so schön bunt hier, wir konnten uns gar nicht entscheiden. Doch da, ganz vorn, zwischen all den anderen Schätzen, entdeckten wir in Knallrot zwei Sitzschalen. Mit Pedalen und Gangschaltung und klappbaren Armlehnen, wie bequem.

„Das ist, wovon ich Ihnen erzählt hatte am Telefon", sagte die Verkäuferin, „das ist, was Sie suchen. Dieses Modell gibt es auch mit Schultersteuerung, für Menschen, die zum Beispiel nicht mit den Händen lenken können, wir machen viele Sonderanfertigungen."

Und da stand es: das *Fun2go*. Ein Paralleltandem für den Spaß zu zweit. Zwei Sitze auf erstaunlich stabilem Fahrwerk, darunter ein Elektro Akku von 880 Watt, mit einer Spitzengeschwindigkeit von 25 Kilometer, vom Werk allerdings standardmäßig auf 20 Kilometer gedrosselt. Unabhängig voneinander können beide Fahrer in einen ihnen genehmen Gang schalten, acht gibt es davon. Und die zusätzliche Kraft eines Motors genießen, der die Hinterachse antreibt und so ein hohes Drehmoment generiert. Eine hydraulisch gekoppelte Scheibenbremse sorgt für Sicherheit und ein Schalter mobilisiert eine Anfahrhilfe. Wenn man eine Steigung hoch möchte und ein wenig Anschub braucht.

Als ich den Juniorchef mein freudiges Erstaunen versicherte, sagte der nur: „Begeisterung ist unser Geschäft."

Lars, dachte ich, du bist erstaunlich nüchtern für die Sensationen, die du hier bietest.

Ich staunte sehr. Und mit mir Johannes.

„Komm, setz dich mal drauf", sagte ich.

„Aber du lenkst", meinte Johannes.

„Dürfen wir mal eine Probefahrt machen?", fragte ich. Wir lösten die Handbremse und schoben das Schätzchen raus.

„Große Freiheit", sagte ich.

„Da hast du auch wieder recht", sagte Johannes.

Fröhlich singend strampelten wir los. Wir konnten unabhängig voneinander in die Pedale treten und noch ein wenig ängstlich krallte Johannes sich am Lenker fest.

„Schööön", rief er. In seiner Begeisterung vergaß er fast das Atmen, seine Füße stampften richtig. Die Welt war wie verwandelt.

Johannes konnte endlich mal wieder Tempo aufnehmen. Aus eigenem Antrieb. Er musste keine Stahlkonstruktion vor sich herschieben und von Weitem erkannte niemand seine Behinderung.

Hat jemand eine Ahnung, wie es sich anfühlt, behindert zu sein? Ausgeliefert und angewiesen auf andere, und Dinge nicht aus eigener Kraft zu schaffen? Nicht für sich sprechen zu können, so wie Nichtbehinderte es kennen, allenfalls durch Gesten oder Bewegungen Ausdruck zu verleihen, was man vielleicht sagen möchte, aber dies eben nicht geht? Wenn andere für dich entscheiden und dich nicht ernst nehmen und womöglich von Mitleid reden, einer weiteren schweren Form von Entmündigung? Wie es beleidigt und verletzt, dein Tun immer nur damit zu verbinden, was du nicht kannst?

Treppen steigen kann er nicht, laufen kann er nicht, er kann dies nicht, er kann das nicht. Statt zu sagen, was möglich ist und jeden Erfolg, so klein er auch sein mag, zu loben. Einen Menschen in seiner Schwäche zu stärken, schau mal, du schaffst es. Ihn mit

Ermutigung zu überschütten und dem guten Gefühl, ein klein wenig Sicherheit zu gewinnen und Stolz zu empfinden für das, was doch möglich ist. Von innen zu leuchten und vielleicht das Leid zu vergessen für eine Zeit.

Das war ja immer meine Frage, in all den Jahren: Wusste Johannes wirklich um sich? Oder war es auch Wesen seiner Behinderung, sich irgendwie abzufinden? Was bedeutet überhaupt Krankheit, was bedeutet Gesundheit?

Über viele lange Jahre haben behinderte Menschen auch diese Fragen beschäftigt. Nach dem Ersten Weltkrieg organisierten sich Frauen und Männer in ersten größeren Bewegungen, sich selbst und anderen ihre Geschichte zu erzählen. „Arbeit statt Mitleid" war der Slogan derer, die lebend von den Schlachtfeldern heimgekehrt waren und Respekt einforderten. Sie gründeten den *Selbsthilfebund der Körperbehinderten* und organisierten Geld und Bildung, die Schaffung von Lehrwerkstätten und die Wiedereingliederung in den Beruf. Dieser Bund war historisch der erste Versuch, sich organisiert zu behaupten. Entsetzen, Schrecken und Sprachlosigkeit nach den Verbrechen des Nationalsozialismus beherrschten die frühen 1950er- und 1960er-Jahre; Begriffe wie Wohlfahrt und Betreuung prägten die Debatte. Weniger von Bedeutung war, dass ein Mann im Rollstuhl, Präsident Franklin D. Roosevelt, den Kampf der freien Welt gegen die deutschen Tyrannen angeführt hatte, trotz seines Schicksals nach einer bakteriellen Infektion; er war von der Hüfte ab weitgehend gelähmt.

Später organisierten sich in den Vereinigten Staaten nach dem Vietnam-Krieg verletzte Veteranen und Aktivisten aus der

Bürgerrechtsbewegung in Selbsthilfegruppen und forderten Selbstbestimmung. Ihre Ideen wurden auch in Deutschland umgesetzt. „Krüppelgruppen" kämpften gegen die Diskriminierung behinderter Menschen und erzwangen grundsätzliche Debatten. Über Eigensinn und Fürsorge, Selbstbefähigung und Autonomie, Teilhabe und Verantwortung. Und eine Veränderung der Sichtweise auf den Job, sich um behinderte Menschen zu kümmern: vom Betreuer zum Begleiter, für eine Kooperation auf Augenhöhe, im besten Fall.

All die Überlegungen und Anstrengungen und Initiativen halfen, dass die Vereinten Nationen schließlich 2006 eine Behindertenkonvention verabschiedeten, als „einen wichtigen Schritt zur Stärkung der Rechte von weltweit rund 650 Millionen behinderter Menschen". Damit war zum ersten Mal offiziell verbürgt, dass „Kinder mit Behinderungen gleichberechtigt mit anderen Kindern alle Menschenrechte und Grundfreiheiten genießen können". Und „Kinder mit Behinderungen das Recht haben, ihre Meinung in allen sie berührenden Angelegenheiten gleichberechtigt mit anderen Kindern frei zu äußern, wobei ihre Meinung angemessen und entsprechend ihrem Alter und ihrer Reife berücksichtigt wird, und behinderungsgerechte sowie altersgemäße Hilfe zu erhalten, damit sie dieses Recht verwirklichen können".

Ich fragte Johannes, ob wir fortan in diesem Buch dem Beispiel der Vereinten Nationen folgen und lieber „Menschen mit Behinderung" schreiben sollten als „Behinderte". Das ist und war ja immer noch ein Streitfall, aber eben mehr als eine Frage des Respekts als der einer Definition.

Johannes meinte: „Ist doch egal."

Johannes hatte seit Jahrzehnten nicht mehr auf einem Rad gesessen, sein altes Dreirad verstaubte in der Garage. Früher, als er noch alleine gehen konnte, kam er gut zurecht damit. Fuhr mit meinem Vater und uns durch die Gegend und grüßte freundlich. Was aber gerade hier unter teilnahmslosen Blicken niederrheinischen Fleckviehs geschah, war nichts weniger als eine Weltsensation.

„Meine Damen und Herren, aufgepasst", rief ich vergnügt ins Grüne, „Johannes Hauser zeigt seinen größten Trick: Er tritt in die Pedale, sehen sie selbst."

„Hör auf mit dem Quatsch", sagte Johannes, ich störte ihn bei seiner stillen Freude. Er strahlte in die Welt hinein.

So viel Bewegung war in den letzten Jahren nie. Zweimal die Woche bequemte Johannes sich zu einer Krankengymnastin, dort legte er sich auf eine Liege und streckte mal die eine, dann die andere Zehe. Jetzt aber schmeichelte ein laues Lüftchen sein zartes Wesen und Sommerwind wies uns den Weg. Er sollte uns zu Tante Gertrud führen, einmal durch die Felder, in denen Weizen wogte. Das war vorher auch noch nie passiert: Johannes Hauser 30 Kilometer von zu Hause entfernt strampelnd zu Besuch.

„Wie bist du denn hierhergekommen?", staunte Tante Gertrud, und Johannes meinte nur: „Das kannst du doch sehen, auf einem Fahrrad." Er lachte so laut, dass er seinen Mund gar nicht mehr zu bekam. Früher hat er sich oft vor lauter Freude verschluckt, jetzt hör mal auf zu lachen, sagten wir dann.

Tante Gertrud machte uns die Freude, die Sensation gebührend einzuordnen. Zur Feier des Tages gab es Kaffee und Kuchen und wir breiteten unsere Geschichte in allen Einzelheiten aus. Gertrud nickte anerkennend und lud uns ein, wiederzukommen. Nach einem Foto und ein paar Metern auf dem Feldweg zurück bremste ich und schaute Johannes an.

„Na, was meinste?"

„Wie?", fragte Johannes.

„So", sagte ich, „jetzt bist du dran."

„Wie?", meinte Johannes. Er runzelte die Stirn. Das war immer das Zeichen, das sich was in seinem Kopf bewegte, Gedanken, hin und her. Johannes atmete tief durch. „Meinste?"

„Ja, klar", sagte ich, „du hast Knie und Beine und Füße und mich. Ich passe auf, dass wir nicht im Acker landen oder vor einem Auto. Das wäre ja nun wirklich langweilig. Komm, fahr du."

Bisher war Johannes Beifahrer gewesen, allein das war schon groß und eine Freude. Aber nun sollte er Verantwortung und den Lenker übernehmen. Das Gelände war übersichtlich, plattes Land, wir konnten höchstens im Graben enden. Johannes stieg ab und stützte sich auf dem Rad ab, den Fahrersitz einzunehmen. Einmal tief durchatmen und schon ging es los. Ich unterschätzte, wie viel Konzentration es bedurfte, Johannes wurde still. Es war das erste Mal, dass ein anderer von ihm abhängig war, nun war er der Chef.

Als uns der erste Trecker nach einem beherzten Ausweichmanöver am Leben ließ, sagte ich: „Siehst du, Johannes, du kannst es."

Es war, zugegeben, ein wenig übertrieben.

So einfach geriet der Anfang dann doch nicht, die Fahrt war eine einzige Mutprobe, vor allem in den Dörfern, wo Autos parkten. Gut, dass niemand gesehen hat, wie hauchdünn wir an teuren Karossen vorbeischrammten. Bei all der Aufregung, nach sehr vielen Jahren mal wieder auf einem Fahrrad zu sitzen, hatte Johannes vergessen, wo links und wo rechts war, vor allem dann, wenn es eine schnelle Entscheidung brauchte. Kann ja mal passieren.

Immer wieder griff ich in den Lenker und raunte Johannes zu: „Mit mir kannst du es ja machen."

„Ich weiß", lachte Johannes.

Im Grunde war ich heilfroh, unfallfrei wieder vor dem Fahrradhaus zum Stehen zu kommen. Ich hatte einige Male in den Lenker greifen und des Öfteren die Rücktrittbremse treten müssen.

„Haste gut gemacht", sagte ich.

„Ja, ne?" Johannes strahlte.

Juniorchef Lars reservierte uns noch einen zweiten Tag für eine weitere Probefahrt. Ungerührt nahm er meine Beifallsbekundungen entgegen. Begeisterung ist sein Geschäft, er hatte von uns nichts anderes erwartet. Sein Vater, erklärte er, habe geholfen, dieses Rad zu entwerfen. Nach einem schweren Verkehrsunfall mit massivem Polytrauma, 30 Operationen und mehreren Jahren in Krankenhäusern und Rehakliniken hatte er ein erstes Dreirad mit tiefem Einstieg entwickelt, das auch Menschen mit Knieprothese oder versteiftem Sprunggelenk benutzen konnten. Die stetige Bewegung mit dem Rad machte, dass er eines Tages wieder laufen konnte und nicht mehr auf einen Rollstuhl angewiesen war.

Wir fuhren beschwingt nach Hause, im Auto meines Vaters, dem mit einer Behindertenplakette hinten auf der Windschutzscheibe. Und sangen unser Lied von den fahrenden Musikanten, tat tam.

Kampfgeist

Als man meiner Mutter eröffnet hatte, was mit ihrem Sohn war, war sie ratlos. Kaum Menschen, die sich auskannten, wenig Literatur. Sie machte sich auf die Suche nach Informationen, selbst die kleinste war wichtig, ein Tipp hier, ein Rat da.

Sie wollte wissen, was das bedeutet, dieses *behindert*. Von nun an protokollierte sie jeden Arztbesuch, in schwebend heller Schönschrift, so wie sie es in der Schule gelernt hatte, und packte ihre Erkenntnisse zum Abheften in Klarsichthüllen. Unser Wohnzimmer wurde zu einem Weiterbildungszentrum, neben Sesseln stapelte sich Fachliteratur. Mit der Zeit lernte meine Mutter, dass es noch so viel schwerere Behinderungen gab; diese Erkenntnis relativierte ihren Schmerz.

So schlimm es auch war, es war gut, endlich eine Diagnose zu haben, etwas, an dem man sich orientieren konnte. Meine Mutter war entschlossen, alles ihr Menschenmögliche zu tun.

Sie würde sich nicht abfinden. „Das wollen wir doch mal sehen," sagte sie sich, ihr Sohn sollte ein schönes Leben haben, in Würde und Freude. Dieses Bündel Mensch, das so hilflos schien und ihres Schutzes bedurfte und all ihrer Liebe und Zuneigung, von der sie voll war, mit Haut und Haaren und aus ganzem Herzen. Dazu war sie entschlossen, dazu war sie bereit. Sie würde immer auf der Seite von Johannes stehen, er war ihr Ein und ihr Alles.

Durchwachte Nächte. Sie würden kommen. Aber auch wieder gehen. Jede Mahlzeit ein Kampf, Bedürfnisse, Fantasien, Ängste. Nur wenn sie in der Nähe war, beruhigte Johannes sich, fühlte er sich sicher mit seinem Schutzengel.

„Das war extrem", sagt meine Mutter heute, „ich wusste gar nicht, wo er das herholt. Diese unbändige Kraft, seinen Schmerz hinauszubrüllen." Mittlerweile hatte sie gelesen, was genau passiert, wenn sich die Nabelschnur verfängt bei der Geburt und sich so strafft, dass sie sich wie eine Schlinge um die Kehle legt, fast erwürgt hätte sie Johannes.

Meine Oma schob das schreiende Kind über den Rheinwall und die Leute meinten: „Wo hat es das nur her?" Am Niederrhein fragen sich Leute so was; auf wen kommt der nur? fragen sie, weil sie einen Vergleich haben wollen mit denen, die sie kennen. Aber so einen wie Johannes kannte keiner. „Kann ich mich nicht erinnern", sagten die Leute, Johannes war neu in der Stadt. So war es. Da wurde nicht groß gefragt, was passiert war oder wie man das jetzt nennt, dieses, wie soll man sagen, Befinden. „Ohne Oma hätte ich das alles nicht geschafft", sagt meine Mutter.

Unsere Großmutter hatte sieben Kindern das Leben geschenkt. Drei waren kurz vor der Geburt gestorben, Drillinge; sie bekamen wohl noch Namen, aber daran erinnert sich keiner. Drei andere starben im und nach dem Krieg unter dramatischen Umständen. Schreckliche Geschichten. Und niemand wusste, wohin damit. Meine Großmutter trug nur schwarz und die Leute sagen, sie habe so oft „furchtbar" gesagt. Wenn man die Lebensleistung meiner Mutter in zwei Wörtern beschreiben müsste, dann so: Sie hat es von furchtbar zu herrlich geschafft. Herrlich ist ihr Lieblingswort.

Mein Vater blieb übrig, einer von sieben; er genoss die besondere Fürsorge und auch den Schutz unserer Nachbarn, die Ärzte waren. Herr und Frau Doktor, sagten wir. Mit einer Praxis wie aus Sauerbruchs Zeiten, alles in Eiche und Zeit für alle. Mein Vater war dem kinderlosen Paar wie ein eigener Sohn: Ihm durfte nichts passieren, „da darf nichts drankommen", so sagten sie. Die auffällige Vorliebe meines Vaters für Arztbesuche rührt wahrscheinlich aus dieser Zeit. Besonders gern misst er seinen Blutdruck. Was wiederum meine Mutter aufregt. Sie kümmert sich nicht um jedes Zipperlein, da ist sie wie ihre Tante Käthe, die war zäh und sagte immer: „Ich würde ja mal so gern zum Arzt gehen, aber ich weiß nicht, was ich ihm sagen soll." Sie wurde über 90 Jahre alt.

Es dauerte, bis Johannes Wörter konnte. Papa und Mama, das wohl. Mehr aber auch nicht. Er krabbelte auf dem Boden und zerkratzte Schallplatten. Als die anderen Kinder in seinem Alter längst liefen, nahm ihn meine Mutter an den Händen und stellte ihn auf ihre Füße. So lief sie durchs Haus, dass Johannes eine Ahnung davon bekam, wie es auch vorwärts gehen konnte.

Die Ärzte wussten weiter keinen Rat, aber kein Rat war keine Alternative. Mit der Zeit lernten meine Eltern andere Eltern kennen, deren Kinder auch anders waren. Sie waren manchmal noch schlechter dran. Konnten allein nicht essen, nicht gehen, nicht sprechen. Sich allein nicht anziehen, weder oben noch unten. Schlugen um sich, spuckten, kratzten. Fügten sich Schmerzen zu, den anderen großen Schmerz zu vergessen, dass sie hilflos waren. So schlimm, dies zu erkennen und es zu wissen und nichts ändern zu können. Die zuckenden verkrampften Hände mit denen der anderen zu vergleichen, den eigenen wackelnden Kopf zu hassen und sein Gesicht, aus dem es Speichel sabbert, beim Versuch zu sprechen. Undeutlich nur, obwohl es so viel Mühe kostet. Zum Verzweifeln. Wie traurig das alles.

Sie verwünschen ihren beschädigten Körper und doch haben sie nur diesen.

Meine Eltern organisierten sich in einem Verein für spastisch Gelähmte und andere Körperbehinderte, so hieß es damals. Trafen sich zum Sport und zum Bewegungstraining; morgens Molkerei, abends Turnhalle, auch für meinen Vater hatte der Arbeitstag 18 Stunden. Aber die Mühe lohnte sich, sie trafen auch die Eltern von Nicole, mit denen sie sich anfreundeten. Es war wohltuend, sich gegenseitig zu erzählen, was sie erlebten. Klarzukommen mit Unverständnis und Ablehnung. Dem Gefühl der Ohnmacht, dem Gefühl, an seine Grenzen zu kommen. Den Herausforderungen vielleicht nicht gewachsen zu sein, nicht ständig nur liebevoll sein zu können, die Angst vor Fehlern. Die Furcht zu versagen, die Selbstzweifel. Die Mütter konnten sich gegenseitig sagen, dass es in Ordnung ist und ganz normal, auch mal nur angestrengt zu sein und selbst schlimmste Gedanken zuzulassen. Die Väter sich eingestehen, ratlos zu sein und überfordert und ohne Kraft selbst schutzbedürftig. Und beide: Wie gut es tut, seine Kräfte zu konzentrieren auf das Wesentliche und sich von seinen eigenen Vorstellungen und Träumen zu trennen, um zu sehen, was wirklich ist. Freude zu empfinden selbst beim geringsten Fortschritt. Leichter gesagt als getan.

Denn es war auch eine Zeit, in der verunsicherte Eltern immer noch ihre Kinder zu Hause versteckten oder ihnen einen Rollstuhl verweigerten, damit niemand sah, was los war. Sich schämten, sich mit ihrem Kind zu zeigen. Vergeblich nach Menschen suchten, die verstanden und denen man vertrauen konnte in all dem Nichtwissen. Und wie umgehen mit Leuten, die keine Ahnung haben, was sie auslösen mit ihrem Reden? Das tut mir aber wirklich leid, kann man da wirklich nichts machen? Solche Sätze, aus Angst, Abwehr oder Bedrohung, nur verletzend.

„Sie haben gar kein Kind, Sie haben nur Wasser", hatte die Hebamme der Mutter von Nicole gesagt, es war auch eine schwierige Geburt. Sauerstoffmangel, wie bei Johannes, das Fruchtwasser hatte sich schon grün gefärbt.

„Ihr Kind wird wohl nicht älter als zehn Jahre alt", sagte die Ärztin. So wurde umgegangen, damals, mit denen, die alles dafür tun wollten, dass ihr Kind in Liebe wächst. Mediziner, die vertrösteten, verharmlosten, die Beobachtungen der Mütter abtaten, mit erstaunlich wenig Einfühlungsvermögen.

All die Häme, die Gleichgültigkeit, die Kälte, sie tat so weh.

„So etwas liegt nicht in unserer Familie", sagte die Schwiegermutter. Sie hätte auch sagen können: „Von uns hat sie es nicht."

Johannes und Nicole aber verstanden sich im Laufe ihres Lebens immer besser.

„Sie ist meine Frau", sagte Johannes.

Als er älter war und seine Brüder heiraten sah, wollte er das auch. Eine Familie gründen und Kinder haben. Er versprach Nicole, bei uns zu Hause das Dach auszubauen und ihr einen Fernseher zu kaufen. Nicole meinte, sie müsse erst einmal zum Frauenarzt gehen.

„Ich heiße Nicole und bin körperbehindert", sagte sie. Aber noch mehr als den Doktor fragte sie ihre Mutter um Rat.

„Naja", sagte die, „du musst dir das genau überlegen. Johannes ist auch nur ein Mann, du wirst für ihn kochen müssen und Staub wischen und solche Sachen, weil Männer das nicht gerne tun. Ist vielleicht auch nur Jugendschwärmerei von dir."

Nicole überlegte eine halbe Stunde und sagte die Hochzeit ab. Trotzdem sind die beiden weiter zusammen, das sagen beide. Nur, dass sie sich kaum sehen und in verschiedenen Heimen leben und auch wenig miteinander sprechen, aber das soll bei anderen Paaren ja auch vorkommen.

Unser zweiter Ausflug mit dem neuen Fahrrad also galt Nicole.

„Kommt ruhig vorbei", sagte ihre Mutter, „wir freuen uns."

Ich fand es eine gute Idee, dass Johannes seiner Freundin den neuen Schlitten zeigt. Machen andere Männer ja auch. Nicole schaute anerkennend und setzte sich zu ihm. In den Sonnenuntergang kurvten die beiden nicht, ihnen reichten fünf beschwingte Minuten auf dem Parkplatz.

„Schönes Ding", sagte Nicole, dann gab es Kaffee und Kuchen. Ich hätte Johannes ein wenig mehr Schwärmerei gewünscht und mehr Bewunderung, aber zwischen den beiden wird das wohl nie mehr werden als eine sachliche Romanze.

Ich ziehe Johannes mit seiner Vorstellung von Partnerschaft immer auf und sage: „Das mit Nicole, das ist doch eine Schein-ehe."

„Stimmt nicht", sagt Johannes dann. „Wir lieben uns wirk-lich." Sie würde ihn nur nicht anrufen, also mache er das auch nicht.

Weiß ich nicht

Liebe ist bei Johannes weniger als ein Wort. Sprachloses Miteinander. Nur nicht zu viel reden. Fast alles, was seinen Körper betrifft, ist kompliziert, das Gehen, das Stehen, die Bewegungen sind langsam und bedächtig. Da kann Johannes so etwas wie Beziehungsstress gar nicht gebrauchen. Also soll sich Nicole als Erste melden, außerdem ist sie ja nun dran, Johannes war ja schon mit dem Fahrrad da. Seine Worte sind knapp und deutlich: „Euer Ja sei ein Ja und Euer Nein ein Nein." So steht es schon in der Bibel, nicht bei Johannes, aber bei Matthäus.

Sein Leben hat Struktur und Ordnung. Jeder Schritt und jede Handlung ist wohlüberlegt und folgt einem Plan und hat seinen Platz. Wenn Johannes also nach dem Aufstehen sagt, „ich komme gleich", ist das eine Ankündigung, der er eine Tat folgen lassen wird. Die Frage ist nur, wann. Da kannst du schon mal schnell eine Stunde fürs Warten rechnen. Er ist sehr bedächtig und besonnen und immer noch höre ich meine Eltern stöhnen: „Bis du den erst mal aus dem Bett hast." Wenn wir Johannes dann fragen, ob nicht alles auch ein bisschen schneller gehen könnte, sagt der nur: „Wie?"

Ja, wie? Auch eine seiner guten Antworten, auf die ich meist nichts entgegnen kann. „Wie soll das denn gehen, Ulrich?" Er nennt mich dann nach meinem Taufnamen, den ich irgendwann in ein kürzeres Uli verwandelt habe. Ulrich ist offizieller und klingt seriöser. Auf jeden Fall, und das ist ziemlich schlau, verwickelt Johannes einen ständig in Fragen, er kontert dich mit Fragen aus. Wenn ich was wissen will von ihm oder eine Meinung erbitte, und Johannes hat wie meistens keine Lust, jetzt darauf einzugehen, sagt er nur: „Weiß ich nicht." Und schweigt. Bisweilen schaut er auch offensiv weg, den Kopf zur Seite gedreht, unmissverständlich, dieses Zeichen.

Weiß ich nicht. Sagen das nicht alle Großen dieser Welt? Hält, wer etwas auf sich hält, sich nicht alle Möglichkeiten offen? „Ich weiß, dass ich nichts weiß", soll Sokrates gesagt haben, lange vor Johannes. Denn das, was wir für wahr halten, kann sich jederzeit als falsch erweisen: Ist es da nicht klug, bescheiden wie entschlossen darauf hinzuweisen, zu schweigen, worüber man nicht reden kann? Und wenn Johannes dann – manchmal tut er das – so gemütlich die Beine übereinanderschlägt und einfach nur dasitzt und beobachtet, sage ich: „Johannes, dafür, was du da gerade machst, zahlen andere Leute viel Geld."

„Wie?", fragt Johannes dann, und ich erzähle ihm von den Menschen, die in Seminaren Aufmerksamkeit schulen und auf ihren Atem achten und sich darüber bewusst werden wollen, um was für irre Dinge ihre Gedanken kreisen und sie sich davon befreien wollen, damit sie mal ein bisschen Ruhe haben vor sich selbst.

„Ach so", sagt Johannes dann.

Bruderherz

Vom Kettenkarussell sprach Johannes nicht mehr seit der Probefahrt. Ich war froh, seinen Wunsch einigermaßen erfüllt zu haben,
etwas mit Kette und etwas im Kreis. Ich rief meinen Bruder Stephan an: „Komm mal vorbei", sagte ich, „wir haben Sensationelles
zu berichten, Johannes ist endlich wieder Rad gefahren."

„Gibt es doch nicht", sagte Stephan. „Das muss ich sehen, bis
morgen."

Stephan und Johannes verbindet ein besonderes Schicksal. Ein
Entschluss, so kaum zu beschreiben. Ein Aufbäumen gegen den
Lauf der Dinge, ein Traum, ein Wunsch, eine Möglichkeit.

Es war so: Kaum hatte die Assistenzärztin meiner Mutter eröffnet, dass mit ihrem Sohn etwas nicht in Ordnung sei, bat sie ihr
Frauenarzt zu sich.

„Frau Hauser", sagte er, „wenn Sie über diesen Schicksalsschlag
hinwegkommen und Ihrem Sohn etwas Gutes tun wollen, sollten
Sie einem weiteren Menschen das Leben schenken. Sie brauchen
sich nicht zu fürchten, Sie sind nicht krank, Ihr nächstes Kind
wird gesund sein. Johannes wird sich dann an diesem Kind orientieren und von ihm lernen und so wachsen. Dieses Kind wird ein
Entwicklungshelfer sein, Sie werden sehen."

So geschah, dass knapp zwei Jahre nach Johannes Stephan auf

die Welt kam. Unter weniger dramatischen Umständen. Aber mit nicht minder dramatischen Folgen.

Denn nichts von dem, was der Doktor prophezeit hatte, trat ein. Nicht Johannes orientierte sich an Stephan, sondern Stephan an Johannes. Wie sein zwei Jahre älterer Bruder mühte er sich, Wörter zu bilden, es wollte ihm nicht gelingen. Er beobachtete Johannes, wie er auf dem Boden kroch und verzweifelte Versuche unternahm, sich aufzurichten. Stephan schaute zu und lernte nur eins: Was er auch tun würde, es würde nicht gelingen. Erfolgserlebnisse: keine. Kein Aha-Gefühl, keine Freude über das endlich Erreichte. Stattdessen Frust und Scham und Trauer.

Was für ein Drama, was für eine Fehleinschätzung, meine Eltern waren verzweifelt. Nun hatten sie zwei Kinder, die ihrer ganzen Aufmerksamkeit bedurften, und keine Entlastung, auf die sie so sehr gehofft hatten. Was haben wir nur gemacht, was ist bloß wieder passiert. Sie sprachen es nicht aus, sie liebten ihre Kinder, nie würden sie ihnen in den Rücken fallen, auch in Gedanken nicht, im Leben nicht. Aber sie bekamen einen Tipp: Sie sollten doch mal nach Herdecke fahren, nach Witten-Herdecke, ins südliche Ruhrgebiet, dort praktizierte der Herr Professor Schily, und der hätte gerade eine neue Klinik eröffnet und würde bestimmt helfen können, weil er anders dachte und handelte.

Der Mediziner hatte mit befreundeten Ärzten ein Gemeinschaftskrankenhaus gegründet, ein Haus, zunächst ohne öffentliche Mittel, zu einem Bruchteil der normalen Kosten, im Geist des Anthroposophen Rudolf Steiner. Eine Klinik für sanfte Medizin und einer Kollegialität, die niemanden ausschließt. Kein Oben und kein Unten, keine Krankenschwester, die was von Gott wusste und kein Chefarzt, der sich dafür hielt.

Dort fühlte meine Mutter sich verstanden. Niemand, der ihr erklärte, was sie zu denken hatte. Niemand, der sagte, ihr Sohn werde nie aus dem Rollstuhl herauskommen. Keiner, der in Defiziten dachte. Hier schauten die Mediziner wohlwollend auf ihren Sohn, sie sahen Möglichkeiten. Eine andere Sicht. Sie erklärten meinen Eltern, dass Johannes Wesenskern, sein Inneres, nie krank sein könne. Sondern nur in seiner harmonischen Entfaltung beeinträchtigt werde. Dass seine Seele heil sei, und der Mensch eine Einheit von Körper und Geist. Liebenswert sei ihr Junge, voller Hingabe, verbunden mit Eltern und Geschwistern. Und ein Kämpfer, ein zäher Kerl.

Die Ärzte bestärkten meiner Mutter Willen, alles zu tun, ihren Sohn zu fördern. Sie machten Mut.

So begann Johannes jeden Montag mit einer Musiktherapie, das Singen tat ihm gut.

Die Therapeuten wunderte nur, warum meine Mutter Stephan mitgebracht hatte. „Er spricht nicht", sagte sie. Die Ärzte erklärten ihr, warum das so ist. „Aber bitte", sagten sie, „bringen Sie Stephan immer mit, wenn wir mit Johannes arbeiten, er wird profitieren, er wird auch lernen und es wird gut werden." So wurde es.

Seitdem sind Johannes und Stephan unzertrennlich. Sie schliefen in einem Zimmer, Stephan links und Johannes auf der rechten Seite. Schon damals neckten sie sich gegenseitig mit seltsamen niederrheinischen Kosenamen wie „Flabes", „Flöhhahn" oder „Stinkdrüse". Die Steigerung war nur noch „Stinkfurzpupser", eine Erfindung meines Bruders Michael.

Vor dem Einschlafen stets das gleiche Ritual:
„Gute Nacht, Flabes."
„Gute Nacht, Flabes."
„Träum was Schönes."
„Danke, du auch."
„Danke."

Stephan wurde später Sozialarbeiter und kümmert sich heute bei der Caritas um Menschen, die seiner Hilfe bedürfen. Menschen, die allein leben, Menschen, die alt sind, Menschen, die Schulden haben. Er berät, ermahnt, ermuntert. Weist Wege und weiß Bescheid. Meine Eltern haben ihn zum gesetzlichen Betreuer für seinen Bruder bestellt, zusammen sind sie groß und stark.

Stephan staunte sehr, als er unser Fahrrad zum ersten Mal sah. So eins kannte er noch nicht, und dies sollte was bedeuten. Stephan besitzt mehrere Räder, und diesmal brachte er ein Klapprad mit, das er aus dem Kofferraum seines Wagens bugsierte. Johannes war sehr stolz, seinem Bruder zeigen zu können, was er schon konnte. Eng im Kreis fahren, scharf bremsen, abbiegen. Und mich zu ermahnen, nicht auch noch in die Pedale zu treten, er könne das alleine.

Wunderbar, dachte ich, läuft. Als wir die Plätze tauschten und Johannes und Stephan davonstrampelten, übermannten mich meine Gefühle. So berührt war ich von diesem Bild, nach all dem, was die beiden hinter sich hatten, nach all dem, was meine Eltern geleistet hatten, allen Sorgen und Ängsten, dass ich mich weinend an den Wegesrand setzte. Ich war gerührt, was plötzlich möglich war, so einfach und selbstverständlich. Als ich mich gesammelt hatte und die beiden ohne einen Blick zurück auf und davon waren, entdeckte ich sie später mit einem Eis in der Hand auf dem Marktplatz. Sie saßen auf dem Rad, dafür war es also auch gut.

Nach der Rückkehr fragte ich Lars, was dieses Tandem koste und ob man es kaufen könne.

„Klar", meinte er, „könnt ihr. Das wollten schon viele haben, die Leute haben es sich am Ende aber anders überlegt. Ich gebe es euch günstiger, wenn ihr wollt, denkt darüber nach."

Stephan, der den Überblick hatte, meinte: „Naja, da ist noch Geld auf dem Konto. Wir können ja alle zusammenlegen."

„Da hast du auch wieder recht, Bruderherz", sagte Johannes.

Werkstatt

Johannes arbeitet in einer Werkstatt für Menschen mit Behinderung. Er ist einer von 300.000 Frauen und Männer, die in Deutschland dort beschäftigt sind. Dass es sie gibt, ist auch ein Verdienst der beharrlichen Bemühungen von Elterninitiativen in den 1960er-Jahren.

Johannes verdient hier sein Geld. Sein Job ist ihm sehr wichtig. Er sortiert, er stapelt, er fügt Teile zusammen. Arbeiten für ein paar Handgriffe, diese aber müssen sitzen. Johannes ist sehr konzentriert und sehr akkurat. Mit Stolz erfüllt ihn, wenn er sein Tagespensum schafft. „Ich freue mich schon so auf die Arbeit", sagt er.

Mit ihm schaffen tausend andere Menschen, die in anderen Jobs Schwierigkeiten hätten. Es gibt eine Metallwerkstatt, eine Schreinerei, eine Abteilung für Montage und Verpackung und Landschaftspflege. Früher sagte man: beschützende Werkstatt. Produziert werden Hochbeete und Bauteile für Möbel, Paletten und Druckzylinder, verpackt wird zum Beispiel auch Hundefutter für den weltweiten Markt.

Achtsam und konzentriert sind Johannes und seine Kolleginnen und Kollegen am Werk; ihre Auftraggeber schätzen die Qualität ihrer Bemühungen, ihre Sorgfalt. Sie nehmen ernst, was sie tun. Und dies tun auch ihre Chefs.

Die Arbeit, das Zusammensein, die Gemeinschaft: Sie verleiht Johannes und den anderen Würde. Aus sich heraus etwas zu schaffen; über die Erfahrung hinaus, abhängig zu sein, Werkstolz zu entwickeln. Ein inneres Bild zu entwickeln für das, was richtig und wichtig und gut ist. Darauf, Leistung zu bringen und gebraucht zu werden. Eine Gabe, die ihnen niemand nehmen kann.

Hier erfahren sie sich als selbstwirksam, und es ist keiner da, der meint, es besser zu wissen. Es gibt einen Gruppenraum mit grünen Matten und begleitende Therapieangebote. Die Werkstatt ist auch ein Angebot an Menschen, die vorher in einem regulären Beruf gearbeitet haben und hier neue Kraft finden, sich wieder neu zu orientieren, zwischen Unterforderung und Burnout zum Beispiel. Um hier zu arbeiten, steht Langschläfer Johannes jeden Morgen um sechs Uhr auf.

Das ist eine große Leistung, und Johannes liebt seine Arbeit. Das Gefühl, wie alle anderen auch in seinem Alter gebraucht zu werden und Sinn zu finden in einer Beschäftigung. Kollegen und Kolleginnen zu haben, mit denen er seine Freude darüber teilen kann. Es gibt und gab immer wieder Kritik am Konzept der früher so genannten beschützenden Werkstatt. Dem betreuten Arbeiten. Weil behinderte Menschen hier unter sich und ihren Möglichkeiten bleiben. Vom sogenannten ersten Arbeitsmarkt ausgeschlossen sind und die viel diskutierte Inklusion so nicht möglich ist. Und Menschen mit Behinderungen für zumeist monotone Arbeit sehr viel weniger als den Mindestlohn erhalten. Weil sie ihren Job günstiger erledigen, als es maschinell möglich wäre, für Verpackungen und Versand, kleinere Montagen und Vorarbeiten für eine industrielle Produktion. Johannes und seine Kollegen arbeiten oft große Aufträge ab; für Unternehmer bieten diese Werkstätten auch die Möglichkeit, sich von einer gesetzlich vorgeschriebenen Regel freizukaufen. Denn private und öffentliche Arbeitgeber mit mehr als 20 Angestellten müssen, so ist es im Sozialgesetzbuch geregelt, mindestens auf fünf Prozent ihrer Arbeitsplätze Schwerbehinderte beschäftigen. Tun sie dies nicht, sind sie zur Zahlung einer Ausgleichsabgabe verpflichtet; diese fällt umso geringer aus, je mehr Aufträge sie an Werkstätten verteilen, in denen Menschen mit Behinderung arbeiten.

Darüber zu diskutieren, wie mehr behinderte Menschen in den Arbeitsmarkt integriert werden können ist richtig und wichtig. Für Johannes aber spielt die Debatte keine Rolle. Jede Arbeit, so gering oder groß sie andere schätzen mögen, stärkt sein Selbstvertrauen und die Gewissheit, Teil eines großen Ganzen zu sein. Und wie alle anderen freut er sich auch aufs Wochenende, weil er dann ausschlafen kann.

Lebenskünstler

Solch ein Rad ist natürlich eine große Anschaffung. Aber Johannes hatte lange gespart, und außer ein paar Süßigkeiten und Chips leistete er sich nicht viel. Außerdem waren wir Geschwister auch noch da, und Freunde. Wir rechneten hin, wir rechneten her, und plötzlich war es möglich, diesen Wunsch zu erfüllen. Johannes war sehr stolz, seinen Namen auf einem Vertrag zu sehen, es war der erste seines Lebens. Er brauchte ein paar Minuten, eine Unterschrift auf das Papier zu setzen, es war ein erhebender Augenblick. Er hatte das Schreiben noch nicht verlernt; früher hatte er uns noch Briefe geschickt, auf seiner Schreibmaschine getippt. „Na, wie geht es dir? Mir geht es gut." So fingen sie an, alle.

Er würde noch eine Rücktrittbremse einbauen, für den Beifahrer, meinte Lars, sicher ist sicher. Und noch eine schöne große gelbe Fahne anbringen, damit uns niemand übersieht. Wir waren bereit für weitere Sensationen, der Sommer war sehr groß. Auf den Fluren sausten die Winde, auf holprigen Wegen wir. Alle Leute mal herhören: „Johannes Hauser hat sich ein Rad gekauft. Und was für eins."

Unglaublich war das. Neben mir mein Bruder, der sich sonst eher schlecht als recht bewegte. Die Welt war heiter und Johannes kaum zu bremsen. Die Ähren zum Bersten voll, die Beeren reif, brausten wir übers Land.

Gefährlich entschlossen streifte Johannes Büsche und Hecken, die Kratzer trug ich davon. Ein ums andere Mal griff ich ihm in den Arm und versuchte behutsam, die Richtung zu weisen. Sagen wir mal so: Soll es schnell gehen, ist Johannes nicht der richtige Mann. Die linke von der rechten Seite zu unterscheiden, bereitete ihm weiter ein paar Probleme, zumal er sich nicht anschickte, die Geschwindigkeit zu drosseln.

Sein neues Geschoss machte mithilfe eines Elektromotors 25 Kilometer die Stunde, und es trat nur einer. Ich war eher Dekoration, ich solle aufhören zu trampeln; schließlich sei es sein Rad, wiederholte Johannes. Bremste er, stieß ich fast gegen den Lenker, dramatisch stöhnte ich ein ums andere Mal auf, was Johannes' Heiterkeit weiter beförderte. Er kam aus dem Lachen gar nicht mehr heraus: „Ach, Ulrich", rief er immer wieder, „ist doch schööön."

Wir fuhren durch die Felder in die Nacht, rechtsherum, linksherum. Lalala. Wir hätten die Welt umarmen können. Manchmal ist das Leben ganz schön leicht, ein Lenker, zwei Brüder und drei Räder, das reicht. Überglücklich fielen wir ins Bett.

Wir waren wie beseelt. Und wurden zu einer Attraktion, die Leute guckten. So ein Rad hatten sie noch nicht gesehen. Autofahrer hielten an und fragten, was das denn bitte für ein Gefährt sei. Ob sie mal eine Proberunde drehen dürften. Andere baten uns, sich das Ganze mal in Ruhe anschauen zu dürfen. Wir blieben sitzen und gewährten Besichtigungstermine. Aha, Motorantrieb am Hinterrad und schaltbare Freilaufnabe vorn. Acht Gänge, Komfortsitze, hinten ein Korb für Einkäufe. Sieben Tüten Chips nebeneinander, kein Problem.

So vergingen die Tage. „Komm, Johannes", sagte ich jeden Morgen in Anlehnung an Clint Eastwood, „wir fahren in die Stadt, der Rest ergibt sich."

Dann rollten wir vor die Eisdiele und bestellten drei Kugeln und einen kleinen Kaffee aufs Rad. Mit Sahne. Café Venezia in der Gelderstraße in Rheinberg, ganz in der Nähe des Heims, sehr zu empfehlen. Auch das Spaghetti-Eis.

Dann ging es wieder los, den Rhein entlang, unten am Deich, oben am Deich. Johannes war der Chef, er bestimmte die Richtung, bestimmte das Tempo. Ich hätte ein Bier trinken können während der Fahrt oder ein Gläschen Wein; ein wenig aufpassen musste ich aber schon, denn Johannes erhöhte mit jedem Mal die Geschwindigkeit, sie steigerte sich mit seinem Selbstbewusstsein. Ich war sein Sozius, und mit einem Mal wurde mir klar, was das alles für ihn bedeutete. Zum ersten Mal in seinem Leben konnte Johannes einem anderen eine Mitfahrgelegenheit geben und wurde nicht transportiert von hier nach da; diesmal war er der Gastgeber.

„Johannes", sagte ich, „wir brauchen nur ab und zu ein bisschen Strom und könnten mit dem Ding bis Hamburg rollen oder gar Papa und Mama besuchen in der Kur, was meinst du, wie die staunen würden."

„Ach nee", sagte Johannes, „da muss ich ja so früh aufstehen."

Das stimmte natürlich. Manchmal bat ich ihn, an einem

Baggerloch anzuhalten. Ich sprang rein und Johannes wartete am Straßenrand, wie ein Kutscher auf seine Gäste. Wir kauften uns zwei blaue Mützen, so Rennfahrer-Käppis, und waren fortan Team Hauser.

Es war so einfach. So einfach, Spaß zu haben. In einer Zeit, die alles berechnet und nichts verschenkt. Wo Nutzen gegen Kosten steht, bewertet und verglichen wird. Was ist besser, was schlechter, bloß keine Fehler machen. Was habe ich davon? Wo hole ich das meiste raus? Warum geben? Besser nehmen. Von allen Seiten schallt und schwallt es, was zählen soll im Leben. Gesundheit. Glück. Schönheit. Erfolg. Selfie hier und Selfie da, der Mensch als Marke. Hast dich gut verkauft, mein Freund. Nicht: Wer bin ich? Eher: Wie war ich? Darunter machen wir es nicht, seitdem fast alles machbar scheint. Schon mal darauf geachtet, wie oft dieses Wort täglich fällt, wenn selbst die kleinste Selbstverständlichkeit mit einem „perfekt" honoriert wird. „Treffen wir uns um zehn?" – „Ja, perfekt!"

Uns ging das alles nicht an. Selbstvermarktung, Optimierung. Gesichtscreme, Cold-Plunging, man könnte auch Eisbaden sagen, aber das klingt nicht so fancy, und Face Workout, so bringen Sie ihr Gesicht in Ordnung. Jünger leben, älter sterben, für so etwas hatten wir keine Zeit. Wir rollten, das reichte.

Johannes wart's zufrieden. Ein Wort, auch schon fast aus der Zeit gefallen. Es bedeutet, seine Grenzen zu akzeptieren und abzuhaken, was nicht zu ändern ist. Und nicht immer noch mehr zu wollen. Dies zu akzeptieren ist schwer in unseren Tagen, in denen es nicht um das Ertragen geht. Und die großen Verheißungen ablenken von der eigenen Verwundbarkeit. Da sind die Fortschritte in der Medizin, die Versprechen der Forscher. Die Erwartung, dass alles machbar ist. Das Alter besiegen, den Körper beherrschen, ein Leben ohne Leiden. Geht nicht mehr bei Johannes, nicht mehr in diesem Leben, mögen die Menschen auch Roboter auf den Mars schicken und Tunnel schaufeln unter dem Meer. Er fühlt. Er sieht. Er akzeptiert. Denn das Leben ist leicht. Und das Leben ist schwer. Zwischen zwei Pausen kurz einmal laut. Wir müssen zurechtkommen. Mit Anfang und Ende.

Der kanadische Sozialwissenschaftler Alex Michalos hat einmal versucht, die Bedingungen für Zufriedenheit zu definieren. Das Maß der Zufriedenheit ergibt sich, seiner Meinung nach, aus der Bewertung dreier Lücken: Der Lücke zwischen dem, was man hat, und dem, was man sich wünscht. Zwischen dem, was man hat, und dem, von dem man glaubt, dass andere es haben. Und der Lücke zwischen dem, was man hat, und dem Besten, was man in der Vergangenheit hatte.

Besser hätte es auch Johannes nicht sagen können.

Er ist zu langsam in einem schnellen Leben, einem hysterisch hektischen Sein, das von einer Übertreibung in die andere taumelt. In der die Rede ist von Relevant Set, Performance und Zielvereinbarung. Von Work und Life und Balance und dem Brennen für und dem Ausgebranntsein von. Mit Johannes ist das alles nicht zu machen.

Johannes hat mit diesem Schaulaufen nichts zu tun, er bestellt sich lieber noch einen Cappuccino. Um sich diesen genüsslich zu Leibe zu führen, ist er auch auf der Welt. Kaffee trinken ist für ihn eine Zeremonie, ohne Ende kreist der Löffel, bis sich Johannes zu einem ersten Schluck entschließt. Beendet wird das Ganze mit gönnerhaftem Abschlecken des Löffels, zur Freude aller Zuschauer. „Mmh, lecker", sagt Johannes dann. Und straft jene Optimierer Lügen, die es zum Problem erklären, aus der Fülle der Möglichkeiten nicht die richtige, die beste und von allen Seiten abgesicherte Auswahl treffen zu können. Johannes genießt den Augenblick, es ist eine Entscheidung, von der er sich nicht abbringen lässt. Man kann die Uhr danach stellen, nachmittags um halb fünf ist Kaffeezeit, natürlich mit viel Zucker. Er ist keiner, der sich hetzen lässt. Weder von sich noch von anderen. Im Augenblick leben: Diesem Gefühl kommt Johannes verdammt nahe. „Nicht die Glücklichen sind dankbar", hat Francis Bacon mal gesagt. „Es sind die Dankbaren, die glücklich sind."

Wir wissen nicht, was als Nächstes kommt. Ob das Leben Lust sein wird oder Last, ob wir lachen oder weinen werden. Aber was wir wissen, was wir Brüder wissen: Mit Johannes ist das Leben gut. Und für ihn auch.

Optimierungswahn

Ich hatte wirklich nicht mit diesem großen Sommerspaß gerechnet. Er kam unverhofft wie ein plötzliches Gewitter. Ich mochte es, wie wir beide dem Perfektionismus unserer Tage trotzten. In der sich Menschen für den eigenen körperlichen Abbau vor sich und anderen verantworten und alle jünger sein wollen, je älter sie werden. In diesen Zeiten der künstlichen Intelligenz, in denen irgendwann ins Hirn gepflanzte Chips uns schneller, höher, besser machen sollen und der Tod nur noch ein technisches Problem zu sein scheint. Kinder schon mit einem Fahrradhelm auf die Welt kommen und nichts mehr dem Zufall überlassen wird.

„Hör mal, Johannes", sagte ich, „wir sollten uns mal optimieren. Wir brauchen mehr Future Skills. Ich habe da gerade eine Studie gelesen der University of Westminster, wir sollten vieles anders machen. Um 7:22 Uhr aufstehen, weil wir dann einen höheren Cortisol-Spiegel und bessere Laune haben. Vor 8 Uhr frühstücken, damit wir das Risiko, an Diabetes 2 zu erkranken, um 59 Prozent minimieren. Von 11 bis 12 Uhr Entscheidungen treffen, weil danach unsere Aufmerksamkeit auf dem Tiefpunkt ist, und nach 14 Uhr keinen Kaffee mehr trinken, wegen dem Stoffwechsel. Und zwischen 22 und 23 Uhr schlafen gehen, um die Wahrscheinlichkeit für Kreislauferkrankungen zu mindern."

„Jau", meinte Johannes.

Jau ist auch eines dieser knappen Wörter, die er regelmäßig in den Umlauf bringt; es bezeichnet einerseits Erstaunen und Neugierde, andererseits aber auch entschlossene Ablehnung des Gehörten. Von allen empfohlenen Tipps, den Tag zu takten, beherzigte Johannes keinen. Und war immer noch auf der Welt.

Ich liebe dich

Johannes hat seine eigenen Regeln und seinen eigenen Rhythmus. Bis heute, zum Beispiel, beendet er jedes Telefonat mit einer kleinen Kunstpause. Fast egal, wie lange wir geredet haben, kommt dann der Satz, auf den ich mich ein jedes Mal freue:

„Ulrich", sagt Johannes in lang gedehntem Sound, „Ich liebe dich!"

Ich bin dann immer tief berührt und atme erst mal aus. „Ich dich auch", sage ich dann, und manchmal muss ich weinen, was Johannes nicht sieht, weil in Sekundenschnelle sein Leben an mir vorbeifliegt und alles, was schon war an Trauer und Freude und Herz und Schmerz.

Herz, Schmerz und dies und das, dieses Lied singt Johannes am liebsten, er kennt den Text nicht so gut, aber wir beide haben uns auf lalala geeinigt, wenn uns die Wörter fehlen. Machen andere ja auch. Lalala ist lustig und für Johannes und mich auch Erholung von diesen ganzen Worten. Wir sind im Übrigen der Meinung, dass zu viel geredet wird und zu wenig gesungen.

Und dann spielen wir das Spiel, wer zuerst auflegt. Manchmal dauert es Minuten, bis Johannes sagt: „Ich lege jetzt auf." *Ahauf,* sagt er dann betont laut, und seine Stimme hebt an, dass jetzt gut ist. So verabredeten wir auch unseren Urlaub, telefonisch.

Im besten Fall ruft Johannes alle zwei Tage an, er erinnert an die

Geburtstage der Geschwister und berichtet, wem es gut geht. Sein Lieblingssatz: „Mama und Papa geht es gut." Seine Lieblingsantwort: „Mir geht es sehr gut."

Soweit ich mich erinnern kann, habe ich von Johannes noch nie gehört, dass es ihm schlecht geht. Von allen Wundern dieser Welt ist mir dies das Größte. So erzählte er mir am Telefon auch nicht, dass es mit dem Laufen nicht mehr so klappt wie gewohnt; dass er sich, gebeugt wie ein alter Mann, an seinen Rollator klammert, einen kleinen Schritt nach dem anderen, um voranzukommen. Seine Hände auf den Lenker gepresst, die Schultern verkrampft, all die Angst, vielleicht zu stolpern und zu stürzen. Dass er unvermittelt vor einem Bordstein steht, unsicher Ausschau haltend nach Hilfe, weil er nicht mehr in der Lage ist, den Rollator, wie früher, mit einem kurzen Schwung über die Schwelle zu heben, ich habe ihn dafür immer bewundert.

Was aus ihm wohl geworden wäre, hätte er nur ein bisschen mehr Luft abbekommen bei der Geburt, denke ich manchmal. „Er wäre wohl ein ganz schlaues Männecken geworden", meint mein Bruder Detlef immer.

Wie es wohl wäre, wenn. Fragen, die wir uns alle stellen, im Leben. Johannes hätte vielleicht eine Familie gegründet und eine Frau gehabt, die ihn öfter anruft als seine Freundin. Dass er behindert ist und beeinträchtigt, thematisiert er nicht. „Da kann man nichts machen", sagt er. Er hat sich auch noch nie beklagt. Aber wenn ich ihn lobe und sage: „Johannes, du stehst wie eine eins", dann sagt er knapp: „Naja, eher wie eine drei."

Ich bin immer wieder beeindruckt, wie Johannes sein Schicksal annimmt. Seine Grenzen akzeptiert, sich an den kleinen Dingen freut, seinem Leben einen Rahmen setzt. Sehr ruhig, sehr gefasst, sehr besonnen. Bedächtig. Aus einer inneren Ruhe heraus. Ich liebe zu beobachten, wie sorgfältig er sein Bett bezieht, wie konzentriert er ein Hemd faltet. Johannes lebt im Moment, im Augenblick, im Hier und Jetzt. Er ist der Gegenentwurf zur rastlos hektischen Zeit, sinnentleerter Eile und dem Tempowahn unserer Tage. Ich. Alles. Sofort. Das geht nicht mit Johannes.

Aber gehen muss er, und dies ist anstrengend genug für ihn.

„Johannes", sagte ich, „dein Körper will bewegt werden. Den hat dir jemand geschenkt, mach was draus. Allein deine Füße, 26 Knochen, über 30 Gelenke, 100 Bänder und 200 Sehnen. Sensationell. Sie sind alle dazu bestimmt, voranzukommen im Leben." Ich hielt Johannes einen kleinen Vortrag, während er Brötchen kaute. „Hinten im Fuß also liegen die Knochen übereinander und innen ein Längsgewölbe. Im hinteren Mittelfuß ein Quergewölbe, das von innen nach außen läuft. Bänder und Sehnen stabilisieren die Muskeln und diese tragen die Gewölbe. Fettpolster federn heftige Bewegungen ab. Und am Fußende laufen 70.000 Nerven zusammen, auch bei dir, Johannes. So ein Körper will beschäftigt werden, und wenn du das nicht machst, ist er beleidigt und macht eines Tages nicht mehr, was der Kopf will. Aber du darfst dich nicht ausruhen, mein Bruder, du musst dich bewegen, auch wenn es manchmal unbequem ist und lästig und es schöner wäre, den lieben langen Tag im Sessel zu sitzen und Chips zu essen."

„Meinste?", fragte Johannes.

„Nein, weiß ich", sagte ich zu Johannes, „und deshalb darfst du nicht aufhören, das Gehen zu üben, wie schwer es dir auch fallen mag. Weil jeder Gang ein Wagnis ist, ein einziger Balanceakt, weil die unbarmherzige Schwerkraft alles zu Boden zieht und jeder von uns und du verdammt aufpassen muss, nicht auf die Nase zu fallen."

„Ich darf nicht fallen", sagte Johannes.

Umso mehr ist jeder Schritt für ihn ein Abenteuer; bei jeder Bewegung nach vorn hängt der Fuß kurz in der Luft, droht der Körper zu kippen, könnte die Kontrolle entgleiten, wahnsinnig, die Anspannung. Die Vorstellung, zu fallen, nach all dem, was war, mit diesem Stab im Rücken. Diese Angst vor dem Abgrund, mit jeder Bewegung neu, lähmend und so ungeheuerlich groß, was tun? Verdammte Schwerkraft. Nicht auszudenken, lieber nicht, was passieren würde, wenn. Wenn Johannes das fragile Gleichgewicht verlieren, von einem Geräusch erschreckt aus der Fassung geraten würde. Ausgeliefert zu sein.

Und doch: Johannes tut es. Johannes macht es. Er hat seit der großen Operation seine Sicherheit verloren, und doch geht er immer wieder dieses Wagnis ein, trotzt seiner Furcht, überwindet den Schrecken. Was für eine Anstrengung, was für ein Wille. Den angespannten Körper, voll mit Adrenalin, in Bewegung zu bringen, unendlich, mein Respekt. Er könnte es leichter haben, er könnte sich im Rollstuhl fahren lassen. Nein. Johannes krümmt seinen Körper, sucht Halt hier und da, hangelt sich von Stuhl zu Stuhl und von Tisch zu Tisch, an der Wand entlang oder bleibt einfach stehen, wenn es nicht mehr geht, um Kraft zu sammeln.

Bis er in Sicherheit ist und laut aufatmet, eher stöhnt, endlich, geschafft. Immer wieder sind es für mich Schrecksekunden, ihn dabei zu beobachten, auf seinem Weg zwischen Himmel und Hölle und ohne Sicherungsseil.

Für meine Eltern, auch schlecht zu Fuß, haben wir mittlerweile einen Treppenlift angeschafft. Johannes aber nutzt ihn nicht, er will es schaffen, ohne Aufzug. Wie ein Kletterer am steilen Fels sucht er Halt an jeder Sprosse, verlagert Gewicht, dreht sich ein, setzt die Füße. Ihm ist gar nicht bewusst, was er da wagt, „Wie?", fragt er. Selbstverständlich ist für ihn, was er tut und ein um das andere Mal ein Triumph, wenn er die 23 Stufen von seinem Zimmer im ersten Stock ins Erdgeschoss geschafft hat, vielleicht sind es auch 30. Das kommt ja noch hinzu, es geht nach unten, die ganze Zeit.

Und wie erleichtert ich dann bin, wenn Johannes wieder ebenen Boden unter den Füßen hat, seinen Rollator am Ende der Treppe in Empfang nimmt und diesen dann aufrecht stehend Richtung Küche schiebt: „Na, alles klar bei euch?"

War was?

Bewegungslehre

„Du hast schon viel hinter dir", sage ich immer.

„Ich weiß", antwortet Johannes. „Können wir jetzt endlich wieder Fahrrad fahren?"

Wie soll ich sagen: Das Zusammensein mit Johannes ist lässig, leichtes Leben. Kein unnötiges Reden, keine Meinung haben müssen, weder Pose noch Parole. Herrlich entspannend, wenn es nur darum geht, essen zu gehen oder Tante Gertrud zu besuchen oder andere Freunde. Dann reicht es, da zu sein und die Gemeinschaft zu genießen. Johannes sitzt am Tisch und beugt sich genüsslich über ein Heißgetränk und schweigt. Früher, als er noch regelmäßig die Lindenstraße guckte, waren Benny Beimer und seine Mutter öfter ein Thema; Johannes war wohl weltweit einer der wenigen Menschen, die keine Folge verpasst hatten. Er ist jetzt aber keiner, der von sich aus eine Debatte vom Zaun brechen würde.

„Johannes", sage ich, „du musst auch mal was sagen, Menschen sind auch zum Reden da."

„Da hast du auch wieder recht", sagt Johannes dann.

Es ist eine seiner unschlagbar lakonischen Standardantworten, wie eben auch sein absoluter Lieblingssatz: „Papa und Mama geht es gut." Dass es ihnen gut geht, bedeutet ihm alles, seine Sorge und sein Denken kreisen um unsere Eltern und eben auch um uns

Geschwister. Hat er uns längere Zeit nicht gesehen, ruft Johannes an und sagt, er habe Sehnsucht.

Im Grunde ist er der beste Entschleunigungstrainer. In seiner Nähe kann man gar nicht durchdrehen. Die Contenance selbst, bewegt er sich schon aufreizend lässig durch den Tag. Dies liegt nicht an verspannten Muskeln oder steifen Gliedern. Es liegt in seinem Wesen, es ist sein Charakter: Die Welt ist schön, und wenn es Mama und Papa und uns und den Freunden gut geht, über was bitte sollte man sich dann sorgen. Warum den Alltag beschweren mit Gram und Grau? Wenn man so herrlich durchs Leben rollen kann?

Bei unseren Ausflügen trafen wir auffallend viele Rentner, die auf Elektromobilen unterwegs waren, sogenannten Senioren-Scootern, wie wir lernten. Mit breiten Sitzen, verstärkten Armlehnen und spezieller Federung für höhere Gewichtsbelastungen bis 220 Kilogramm. Nun ja, die Leute werden schwerer und mit dem Alter auch weniger beweglich. Sie klagten uns ihr Leid, hier tut es weh, da tut es weh; sie kamen entweder gerade vom Doktor oder fuhren dorthin. Sie schilderten ihre Malessen, wie man bei uns sagt, sie erzählten von ihrer Rente und der Krankenkasse oder der Knappschaft. Bei uns zu Hause wurde Kohle abgebaut und die Männer buddelten in der Erde herum. So einen richtig glücklichen Eindruck machten die Leute nicht, denen wir begegneten, obwohl sie anscheinend genug Geld besaßen. Und auf den ersten Eindruck mit ihrem Körper immer noch eine Menge anstellen konnten „Ach, ich würde gern mal wieder richtig laufen", sagten sie zum Beispiel, auf ihrem Mobil sitzend. „Oder tanzen, wie früher." Johannes drehte seinen Kopf zur Seite und legte die Stirn in Furchen, ihn langweilten die Leute. Eigentlich könnten sie, waren aber zu bequem, sich ein wenig mehr zu bewegen.

„Kauft euch doch auch so ein Fahrrad", sagte Johannes, und die Leute antworteten: „Ach ja."

Uns fiel auf, wie wenig Fußgänger insgesamt unterwegs waren. Trafen wir welche, waren es meist Flüchtlinge aus Wohnheimen, die nicht auf Busse warten wollten.

Wurden uns die Fahrradwege zu eng, wichen wir auf die Straße aus. Das war ein Spaß: Fast niemand wagte es uns zu überholen. So stauten sich hinter uns Autos, unser Rad stockte den Verkehr. Wir wurden zu einer rollenden Tempo-30-Zone, aber soweit wir es mitbekamen, fluchten die Leute nicht. Sie winkten höflich, wenn sie dann endlich an uns vorbeikamen. Wäre ich Bürgermeister, würde ich zehn dieser Räder kaufen und Leute dafür bezahlen, damit unterwegs zu sein. Schnell wäre jeder Verkehr beruhigt.

Manchmal, wenn Johannes noch schlief, schlich ich durchs Haus und staunte, wie viele Kindheitserinnerungen sich noch fanden. Auf dem Speicher stapelten sich Spielzeug und alte Klassenarbeiten, in den Schränken Schallplatten und Jugendbücher.

Ich liebe es, in unserer Küche Schubladen zu öffnen und Dinge zu finden, die ich Jahrzehnte nicht mehr gesehen habe. So Werbegeschenke längst vergilbter Marken, Erinnerungen an unser Milchgeschäft. Notizblöcke, auf denen zum Beispiel „*Sahne Ansteg*" steht, Herr Ansteg verkaufte Sahne und seine Frau war

Friseurmeisterin; sie machte ihren Mann jeden Morgen stadtfein und mein Vater half ihm beim Ausliefern diverser Milchprodukte. Die beiden Herren ließen es gemütlich angehen, dort ein Eis und da einen Kaffee; sie lieferten nicht nur, sie genossen auch, und auf die Uhr schaute keiner. In einer dieser Schubladen also fand ich einen Kinderpass von Johannes. Ich steckte ihn ein und zeigte ihn meinen Freunden: „Schaut mal, ein alter Pass von mir."

„Verblüffend", meinten sie, „diese Ähnlichkeit." Sie schauten nicht auf den Namen, ich ging als Johannes durch. Johannes fand diese Spielerei ein bisschen albern, kindisch fast. Was ihn angeht, da ist er eigen. In einem gewissen Sinne ist er auch vernünftiger als ich.

Dieses Radfahren machte mich jeden Tag fröhlicher. Ich bekam täglich mehr Appetit. Lufthunger. Dieses Wort hatte ich gelernt, als ich vor ein paar Jahren zu Fuß unterwegs war, von Hamburg nach Rom. Es ist ein Begriff aus der Zeit der deutschen Wanderbewegung, als viel mehr Leute auf eigenen Füßen unterwegs waren. Als das Auto noch nicht gewonnen hatte. Denn wir sind bequem geworden. Zu viele Menschen bewegen sich zu wenig. Das Einzige, was davonläuft, sind die Kosten für ein marodes Gesundheitssystem. Zwei von drei Menschen, weltweit, bewegen sich täglich weniger als eine halbe Stunde. Sitzen ist das neue Rauchen: Mittlerweile sterben mehr Menschen an den Folgen mangelnder Bewegung als am Nikotinkonsum. Vier von fünf Deutschen beklagen Schmerzen in Schulter und Nacken, haben krumme Rücken oder Last mit der Bandscheibe. Muskel-Skelett-Erkrankungen, ein Sammelbegriff für die Beeinträchtigung von Gelenken, Knochen, Sehnen und Bändern, sind häufiger als chronische Erkältung oder

Depression. Die Zahl übergewichtiger Kinder stieg in wenigen
Jahren global um das Zehnfache. In Deutschland schafft es nur
jeder zweite Junge und jedes dritte Mädchen, beim Rumpfbeugen
den Boden zu berühren. Im Sportunterricht zwei Runden zu laufen, bedeutet vielen Höchststrafe, rückwärts gehen ist schon für
Kinder im Grundschulalter eine Anstrengung.

So wie wir leben, im Sitzen, beleidigen wir das Geschenk des
Lebens. Nutzen nicht die sensationellen Möglichkeiten, die der
Körper uns schenkt. Vorwärts, rückwärts, seitwärts, Schritt. Die
Kraft unserer Gedanken bestimmt auch die Stellung der Gelenke;
geht es uns schlecht, laufen wir anders, als wenn wir uns fröhlich
wähnen. Dann schleppen wir uns dahin; und allein schon die Vorstellung, dass wir ein paar Jahre jünger sind und vielleicht fitter,
beschwingt unseren Gang.

Ich übe das manchmal mit Johannes. „Stell dir vor, du bist wieder
ein Kind, wie würdest du dann gehen?"
    „Besser" sagt Johannes.
    „Gut, dann versuche es mal." Ich nehme ihn an die Hand und
mit jedem Schritt geht Johannes schneller. Er stöhnt ein wenig,
aber freut sich, dass es geht. Für mich ist dies immer wieder bewe-
gend, so üben wir, so trainieren wir Erfahrung. Je mehr gute Erfahrungen, umso besser, und es tut so gut, dies zu sehen. Manchmal
lasse ich Johannes auch los: „Bitte, probiere es alleine."
    „Ich habe Angst", sagt Johannes.
    „Verstehe ich", antworte ich, „probiere es trotzdem, ich bin bei
dir." Dann schaue ich mich um und suche eine Quelle für irgendein

Geräusch, das ihn erschrecken könnte. „Johannes, pass auf, wenn es jetzt vielleicht plötzlich lauter wird, nicht erschrecken." Und mit der Zeit traut sich Johannes in dieses Abenteuer, er denkt sich hinein, er wagt den Schritt, vorsichtig erst, dann forscher, aber nie mehr als ein paar Meter.

„Ich pass schon auf", sage ich, „dir kann nichts passieren, geh einfach. Du willst gehen, kannst es aber nicht so gut. Andere könnten und sind zu faul dazu. Ist nicht gerecht verteilt, oder?"

„Keine Ahnung", sagt Johannes.

Keine Ahnung! Haben wir nicht alle keine Ahnung? Ich schätze meinen Bruder für diese tiefen Einblicke in das gesammelte philosophische Weltwissen. Er sagt auch so Sätze wie: „Ich bin in Gedanken gerade, wo ich bin." Dafür müssen andere Leute lange atmen. Mindfulness-Based Stress Reduction und so.

Aber nichts ist, nichts wird ohne Bewegung. 800 Muskeln und 206 Knochen wollen beschäftigt werden. Jeden Morgen warten sie auf eine Ansage, was zu tun ist. Die Wadenmuskeln an den Fersen und die Muskeln an den Hüftbeugern. Muskeln sind die einzigen Strukturen im Körper, die der Kopf willentlich steuern kann. Wir können vielleicht kurz den Atem anhalten oder durch sehr intensive Meditation den Stoffwechsel beeinflussen. Aber Muskeln hören aufs Wort. Wenn du denen sagst, mach das jetzt, dann tun sie es. Dafür sind sie auf der Welt.

Wir beleidigen sie, wenn wir sie zum Nichtstun verurteilen. Der Körper kann so viel mehr, wenn der Kopf es nur will. Aber der Wunsch muss der Vater des Gedankens sein. Ja, ich will vorwärts kommen, ja, ich will mich spüren. Ob behindert oder nicht.

Muskeln möchten ermuntert werden. Es gibt spektakuläre Untersuchungen, wie selbst kleinste Anstrengungen große Wirkung zeigen. Durch Bewegung der Verlust von Fähigkeiten kompensiert werden kann. Sich das Gehirn regeneriert und neu organisiert. Gute Ergebnisse gab es zum Beispiel, wenn behinderte Menschen auf sogenannte Rüttelplatten gelegt und künstlich geschüttelt wurden. Alles wurde besser, schon durch wenige Minuten Behandlung; Gangbild, Geschwindigkeit, Dehnung. Wir brauchten ein solches Gerät nicht, wir hatten unser Rad und rüttelten durch die Gegend, durch zahllose Schlaglöcher und Pfützen. „Ist nicht schlimm", meinte Johannes.

Er hatte längst das Kommando übernommen; ich beschränkte mich darauf, so lässig wie möglich zu wirken. Ich streckte meine Beine über den Lenker und versuchte, während der Fahrt Blumen zu pflücken. Das ging ganz gut. Johannes aber missfiel diese Form des Müßiggangs, er müsse sich konzentrieren, und überdies solle ich mich benehmen. Ich würde für mein Alter einen zu unseriösen Auftritt hinlegen, er sagte das nicht so, ich erinnere mich nicht mehr genau an seine Worte, aber so ähnlich: in kurzer Hose und immer barfuß. Ich sei im Übrigen nicht Pippi Langstrumpf.

„Und", sagte ich zu ihm, „du bist für mich ein Spießer, so wie du redest."

Geraden Blicks hob Johannes zur ultimativen Belehrung an und meinte, wenn ich so weitermache, würde er mich ins Heim bringen. Und einweisen lassen.

„Das geht doch gar nicht", sagte ich, „ihr habt doch gar kein Zimmer frei."

Und Johannes meinte nur: „Hahaha."

Das Heim

Johannes lebt in einem Haus für behinderte Menschen, seit fast 20 Jahren schon. Meine Eltern hatten es sich nicht leicht gemacht, Johannes dort ein Zimmer zu organisieren. Mit 35 Jahren war Johannes das letzte von sechs Kindern, das zu Hause wohnte. In dem Zimmer, wo auch ich schon schlief und davor meine Oma.

Sechs Wochen, das war die Abmachung, sollten meine Eltern ihren Sohn nicht sehen, dass er sich eingewöhnen und auf sein neues Zuhause konzentrieren könne. Johannes machte es ihnen einfach, er lebte sich schnell ein und hatte von nun an zehn Fahrminuten vom Elternhaus entfernt ein zweites Zuhause in Rheinberg am Niederrhein.

Ein kleines Städtchen mit zwei guten Eisdielen, wo man auch Waffeln essen kann, die ganz normalen, nur mit Puderzucker, heißen Kirschen und Sahne obendrauf. Am Markt bietet Moni in ihrem schönen Café fulminanten Apfelkuchen an. Und Axel, der Metzger, kocht samstags fürs Heim Gulaschsuppe. Johannes empfiehlt auch seinen leckeren Kartoffelsalat, in den, meine Vermutung, er sich hineinlegen könnte, aber Johannes meint, das könne man nicht sagen, er neigt im Großen und Ganzen nicht zur Übertreibung, er ist eben ein ausgeglichener Mensch. In Rheinberg riecht es manchmal nach Kräutern, das liegt am örtlichen

Schnapsfabrikanten und seinem Gewürzdepot. Auch einen guten Schuster hat die alte Stadt, die von einer Wallanlage mit Kastanien und Linden umschlossen wird, mit Wiesen und Weiden nicht weit hinter der Kirche. Und mittendrin arbeitet unsere Schwester Nicole als Grundschullehrerin. Sie war nach fünf Jungs endlich die ersehnte Tochter, sonst wären wir wohl noch mehr Geschwister.

„Vertauscht mir die bloß nicht", hatte meine Mutter den Krankenschwestern immer hinterhergerufen.

„Drei Kinder hätten auch gereicht", meinte einmal mein Vater, als wir alle gemeinsam bierselig im Innenhof unseres Elternhauses saßen. Dieser plötzliche und natürlich nicht ernst gemeinte Einwurf ist der einzig mir erinnerliche, dass es natürlich auch für meinen Vater sehr schwer war mit allem. Er kommt, wie meine Mutter, aus einer Generation, die Ängste und Sorgen für sich behält.

Aber diese eine große Furcht, was wohl werden würde, wenn sie nicht mehr da sein sollten: Diese Angst war meinen Eltern mit der Entscheidung genommen worden, Johannes einen Platz in einer anderen Gemeinschaft zu organisieren.

Hier wohnt Johannes jetzt, im Haus am Außenwall, gegenüber einer Grünanlage mit einer Rosskastanienallee, welche die Stadt umschließt. Gemeinsam mit 35 anderen behinderten Menschen im Alter von 23 bis 73 Jahren, die von über 30 Sozialarbeitern und Erziehern begleitet werden. In einer großen und harmonischen Wohngemeinschaft, in vier Etagen auf fünf Gruppen verteilt, jeweils mit Einzelzimmern und Bädern und einer Wohnküche für alle. Der Tag beginnt um sechs, Nachtruhe ist ab zehn, und die meisten sind von morgens halb acht bis nachmittags kurz nach vier auf der Arbeit. Und treffen sich danach gemeinsam zum Kaffee.

Sie haben das hinter sich, vor dem sich gesunde Menschen fürchten: den Verlust der eigenen Bewegungsfreiheit, den Verlust von Verstand, den Verlust von Körperfunktionen. Der eine muss jede Viertelstunde auf die Toilette, der andere liegt den ganzen Tag im Bett. Ohne die Hilfe von Betreuern könnten sie nicht sein.

Und doch führen sie ein Leben, das heiter ist und fürsorglich, getragen von Empathie und Anteilnahme. In einer Gruppe, die einander unterstützt, soweit es möglich ist. Diese Gemeinschaft ist ein Modell, wie man in diesem Land auch zusammenleben kann. Die Warteliste ist lang. Die meisten Mitarbeiterinnen und Mitarbeiter sind auch schon lange hier. Und wollen auch nicht mehr weg. „Wegen den tollen Bewohnern", sagt zum Beispiel Rike, die nach der Ausbildung viele andere Jobs hätte haben können.

Herrenabend

Fragt man Johannes nach dem schönsten Ereignis im Heim, sagt er: der Herrenabend. Dieses Wort ist, zugegeben, ein wenig aus der Mode gekommen. Kommt in Genderzeiten auch nicht so gut. Heim sagt man ja eigentlich auch nicht mehr, es heißt nun, in Abwägung aller möglichen Ressentiments, „besondere Wohnform". Aber das sagt hier auch keiner, und die Kollegen Sozialarbeiter im Haus heißen Betreuer. Auch ein altes Wort, aber nun ja. Herrenabend also.

Das ist, wenn Johannes und seine Freunde sich treffen. Jeden zweiten Freitag im Monat. Ab halb neun. Ohne Frauen. Die müssen leider draußen bleiben. So weit geht die Inklusion dann doch nicht.

Einer von ihnen muss immer Chips mitbringen. Letztens war Michael dran, von oben, aus dem dritten Stock. Michael hat es nicht weit, er muss nur die Treppe herunter, zehn, zwölf Stufen, es gibt ein Geländer. Er könnte auch den Aufzug nehmen, aber der ist mal stecken geblieben, es wäre schade um die Chips.

Außerdem kann Michael ganz gut laufen.

Das kann man von Frank nicht sagen, und deshalb versammeln sich die Herren zum Höhepunkt der Woche um sein Bett. Frank könnte auch mit einem Kran hochgehievt werden, dem „Maxi

Move Patientenlifter", in seinen blau getunten Rollstuhl in glänzendem Stahl und mit der HSV-Raute im Radwerk; aber gemütlicher ist es so. Frank bleibt also mit dem Schlafanzug im Bett, die anderen Herren hocken im Halbkreis vor ihm.

Churchill hat das übrigens auch immer so gehalten, mit dem im Bett Leute treffen, es ist kein Zeichen von Schwäche. Nur wurde mehr getrunken dabei, Champagner, schon morgens; davon kann hier keine Rede sein. Wenn es mal sehr hoch kommt, gibt es Bier mit mehr Limonade als Alkohol drin oder einen Eierlikör von Johannes. Johannes hat irgendwo immer Eierlikör herumstehen, obwohl er diesen kaum trinkt. Er wird reich beschenkt damit. Eher aus Verlegenheit, weil Johannes, nach einem Wunsch befragt, meistens sagt: „Weiß ich nicht."

Aber Chips, die sind wichtig. So ein Abend verlangt ein Festmahl, also Chips. Die guten Chips, ungarisch, mit viel Pfeffer. Hauchdünn, knusprig: Allein schon das Rascheln der Tüte lässt das Wasser im Mund zusammenschnurren.

Wer einmal erlebt hat, wie Johannes Chips zelebriert, weiß, was das für eine große Sache ist. Chips sind für ihn wie eine Gourmet-Mischung. Kein Mensch isst Chips so feierlich wie er. Andächtig fast. Bedächtig greift er in die knisternde Tüte und zieht ein Teil nach dem anderen heraus. Bevor Johannes die Beute genüsslich den Gaumen hinunterschickt, begutachtet er sie und würdigt mit Kennerblick. Den letzten Rest einer fast leeren Tüte kehrt er mit dem Zeigefinger aus. Obwohl wir ihm immer sagen, in Gesellschaft solle er den Zeigefinger nicht auch noch ablecken, tut Johannes dies in schöner Regelmäßigkeit doch.

Manchmal, wenn sich Johannes' Bauch bedenklich zu wölben beginnt, spiele ich Ernährungsberater.

„Johannes," sage ich, „weißt du eigentlich, dass Chips aus 50 Prozent Kohlenhydraten und 35 Prozent Fett bestehen? Dass Menschen eine Art Kontrollverlust empfinden, wenn ihnen Chips vorgesetzt und sie damit abhängig gemacht werden?" Dass dies ein infamer Trick der Lebensmittelindustrie sei und er eines Tages, wenn es so weitergeht, nicht mehr durch die Tür kommt.

„Ach, Ulrich", sagt er dann. „Das musst du gerade sagen."

Ich mag es, Johannes Dinge zu sagen, die vielleicht eine Relevanz haben, aber keine Bedeutung. So zu tun, als ob ich Ahnung hätte, und mich dann schon auf die allwissende und meist zutreffende Antwort meines Bruders zu freuen.

Mein Sohn Niklas macht das ähnlich, er konfrontiert Johannes liebevoll mit seiner Haltung zum Schuldenpaket oder zum, sagen wir, Bürokratieabbau in Brüssel. Johannes sagt dann immer wieder, dass er keine Ahnung habe, und das haben die in Brüssel ja auch nicht. Gern unterrichten wir ihn auch über die neuesten Entwicklungen in der Chipsindustrie und den mitunter weltpolitischen Verwerfungen, die sich daraus ergeben; souverän kontert Johannes unsere Schlaumeiereien und zugegeben schlechten Witze mit der Feststellung, dass er Chips vor allem in Tüten für die Versorgung der Menschheit als unabdingbar notwendig halte, jetzt mal in meinen Worten ausgedrückt.

Da sind wir Geschwister uns einig: Ich bin nämlich der Erste, der Johannes' geheime Chips-Depots aufspürt und sie plündert. Johannes isst auch nie mehr als eine große Tüte, also 250 Gramm, davon 50 Prozent Kohlenhydrate und 35 Prozent Fett, genauso viel wie eine Schokolade hat, und dann ist aber auch genug. Bei mir aber nicht, wenn Alkohol im Spiel ist. Noch schlimmer ist es wenn mein Bruder Stephan zu Besuch ist und pausbäckig strahlend verkündet, er habe zehn Tüten Chips mitgebracht. Da nützt mir all mein Boxen nichts. Johannes sagt dann immer, „die können wir ja zum Nachtisch nehmen".

Draußen ist Krieg und Streit und schlechte Laune, die Zeiten sind grau und die Stimmung ist lau. Viele wissen nicht, wo ihnen der Kopf steht und ob es ihnen gut oder schlecht geht, kommt ja immer darauf an. Johannes aber strahlt über das ganze Gesicht, zufrieden grinsend, und hebt ein zur frohen Botschaft. Der Meldung der Woche. Er freue sich schon auf den nächsten Herrenabend, und dieses Mal werde er die Chips einkaufen, vielleicht auch Flips. Zwei Tüten! Wenn nicht sogar drei.

Wenn ich Johannes frage, was die Herren so tun an einem solchen Abend, man hat ja von solchen Begriffen eine eigene Vorstellung, über was sie reden zum Beispiel, antwortet er meistens mit einem beherzten „Wie?"

„Wie?", sage ich dann, „Ich meine, ich habe dich was gefragt, Johannes."

Er verdreht dann wieder seine Augen und zieht die Lider hoch, um so zu signalisieren, dass ich nicht in der Lage sei, endlich und ein für alle Mal zu verstehen, was für eine große Sache das ist, so ein Herrenabend, ist doch völlig klar. „Wir unterhalten uns", sagt Johannes.

„Über was?", frage ich dann immer, für mich ist das eine naheliegende Frage, ich bin geübt darin, Gespräche in Gang zu halten.

„Weiß ich nicht mehr", kommt dann, und ich denke, ach ja, stimmt, geht mir ja auch oft so, auch ohne Chips.

Die Gespräche mit meinem Bruder sind also legendär, aber noch mehr ist es das wortlose Miteinander. Wenn wir schweigend nebeneinander sitzen und Johannes den Kopf zur Seite dreht und an seinen Haaren zupft und ich dann, wie er im Übrigen auch, wenn es mal wieder zu lange zu still war, ein freudiges „Na, alles klar bei dir?" in die Gegend raunzt und ich natürlich ent-gegne, dass alles klar ist bei mir, warum auch nicht. „Bei mir auch", sagt Johannes dann, und wir beide haben wieder unsere Ruhe. Manchmal fragen wir uns auch, wie es uns geht, und ich sage dann: „gut", und Johannes sagt: „Mir auch, sogar sehr gut." Ich habe, glaube ich, von ihm noch nie gehört, dass es ihm schlecht geht.

Vor allen Dingen nicht nach einem Herrenabend.

„Wie war der Herrenabend?", wage ich zu fragen.

„Wir haben viel gelacht", sagt er meistens, und dass es sehr schön war, „schöööööön", sagt Johannes, er liebt es, Wörter zu dehnen. „Der Niels war noch dabei", sagt er, „und der Max, der so gut aus-sieht, schöne Hände hat der." Mehr möchte und kann mein Bruder nicht über Max sagen.

Es gibt Tage, da schauen sie beim Herrenabend gemeinsam Schlager und trällern leise mit. Oder Niels erzählt von Helden mit Schwertern, die sich auf seinem Handy tummeln. Für die feier-liche Eröffnung eines jeden Herrenabends ist Johannes zuständig, als eine Art Zeremonienmeister. Eines Tages hat er im Supermarkt einen Zaubertrank entdeckt, Cappuccino aus der Dose, den von

Gut & Günstig, mit feiner Schokonote; dieser reicht für 40 Tassen und eine Dose umgerechnet für vier Abende.

Der Herrenabend ist unbestritten ein Highlight im Heimleben. Zumindest für Johannes und seine Mitbewohner. Mit dem Begriff Freund ist Johannes etwas vorsichtig, das betrifft aber nicht Niels: Dieser ist nun sein Freund, mindestens zwei Meter groß und mit einem breiten Kreuz wie ein amerikanischer Basketballer. In einer anderen Zeit wäre er vielleicht Wikinger gewesen, mit Ketten und Schwert und ziemlich viel Eisen am Mann. Niels liebt die starken Kerle. Zum Karneval hat er sich einen Hammer gezimmert und lief damit herum. Manchmal schnappt er sich Alexa oder Sandra und hebt sie mit einem Arm hoch. Niels reißt bestimmt auch Bäume aus. Insgesamt aber fühlt er sich ein wenig unterfordert.

In der Werkstatt baut er derzeit Vogelhäuschen.

Obwohl er an der Maschine auch großes Holz sägt. Sein Auftritt gibt allen Kraft. Man kann sich auch wunderbar anlehnen an ihn. Johannes liebt das. So einen Kerl neben sich zu haben, den nichts so leicht umhaut. Der einfach stehen bleibt, wenn man ihn anstupst. Niels ist wirklich gut darin. Johannes schafft das leider nicht, mit seinem Stab im Rücken.

Wenn Herrenabend ist, sprechen Johannes und seine Kumpel nicht über Behinderung. Kein Thema. Checkt ja jeder sofort, dass da was nicht in Ordnung ist bei denen. Über Max' Behinderung zum Beispiel weiß Johannes so gut wie nichts: Er weiß nur, dass Max seine Hände nicht mag, obwohl er noch zwei hat. Max geht zweimal die Woche allein in den örtlichen Jugendtreff, um dort mit anderen zu chillen, wie er sagt.

Nur Frank hat manchmal den Blues und sagt das auch. „Wenn ich den Fernseher anmache", sagt er, „und dann sehe, wie die alle laufen können, geht es mir schlecht. Und ich frage mich, warum kann ich das nicht?" Besonders schmerzhaft ist dies beim Fußballgucken, Frank würde so gerne einmal kicken. Geht aber nicht. „Ich sitze seit fünfzig Jahren im Rollstuhl", sagt er. „Ich bin mit einem offenen Rücken auf die Welt gekommen, das kann sich keiner vorstellen."

Spina Bifida, wie die Ärzte sagen, ist eine sehr seltene angeborene Fehlbildung der Wirbelsäule und des Rückenmarks. Wenn sich bei einem Fötus das sogenannte Neuralrohr, die Vorform der Wirbelsäule, in der dritten bis vierten Schwangerschaftswoche nicht vollständig schließt. „Und da hinten im Körper eine klaffende Wunde ist, wie ein Riss nach einem Erdbeben", sagt Frank, so stellt er sich das jedenfalls vor. „Diese fehlende Verbindung lässt mich nicht laufen. Meine Mutter wollte mich erst operieren lassen, aber hat das doch nicht getan, weil vorher die Operation bei einem anderen Kind schiefgegangen war. Dieses Kind war dann gelähmt und konnte nicht mehr Arme und Beine bewegen. Ich kann heute zumindest die Arme nutzen. Ich habe mich abgefunden."

Frank versucht manchmal, mit den anderen über Krankheit und Behinderung zu reden. Das gelingt mal und mal auch nicht. Ihn erstaunt, dass so richtig niemand hadert. Und alle probieren, das Beste aus der Situation zu machen. So ist Frank froh, in der Werkstatt mit seinen Händen Schrauben sortieren oder in der Küche die Spülmaschine einräumen zu können. „Das ist doch schon mal was", sagt er.

Ihm geht es jedenfalls besser als Thomas von nebenan. Der sitzt auch im Rollstuhl, schreit aber oft. Vor allem nachts. „Mama, Mama", ruft er dann.

Kirmes vorm Aufzug

Johannes wachte früher oft von den Schreien auf, aber das hat sich gelegt. Er hat sich daran gewöhnt. Und beschäftigt sich nicht mit Dingen, die er nicht ändern kann oder die unmöglich sind oder jenseits aller Wahrscheinlichkeit, da ist er pragmatisch. Außer: Er gönnt sich einen Traum. Dem vom Fliegen.

In einem Kettenkarussell.

Und mit diesem fuhren wir nun vor. Über die Rampe durch die Eingangstür direkt vor den Aufzug. Da war aber was los.

Niemand wusste, dass wir in den Ferien ein Superrad gekauft hatten. Johannes hatte dermaßen Fahrt aufgenommen, dass die anderen im Eingang zur Seite springen mussten. So ein Tempo hatte Johannes noch nie vorgelegt, das kannten sie gar nicht von ihm. Er ist sonst so langsam unterwegs, dass man ihm beim Gehen die Schuhe binden könnte. Aber jetzt war er Speedy Joe, niemand war schneller als mein Bruder. Kurz bevor er den ersten Kollegen über die Füße fuhr, kam er zum Stehen. Und aus dem Lachen gar nicht mehr heraus.

„Mein Fahrrad! Wollt ihr auch mal probieren?"

Mein Ehrgeiz war natürlich, dass sich dieses Rad im Kreis dreht, Kettenkarussell eben. Und wirklich, es gelang. Der Wendekreis ist so sensationell klein, dass im Flur plötzlich Kirmes war. Bitte einsteigen, die Fahrt geht gleich los. Wer will noch mal, wer hat noch nicht?

Alle liefen zusammen, Johannes zu feiern. Ich stand und staunte und zuckte jedes Mal zusammen, wie er kurz vor der Wand den Lenker herumriss und die Kurve kriegte. „Herrlich", rief er, „schöööön".

Die Welt als wunderbares Ereignis, ein wohlwollender und harmonischer Ort und im Grunde gut. Behindert sein und Spaß dabei das geht auch, dachte ich. Warum denken wir eigentlich immer so oft an das, was nicht geht?

Was für ein Spektakel. Die Damen und Herren drehten eine Runde nach der anderen, das Erdgeschoss wurde zum Rummelplatz. Fehlten nur noch ein Losverkäufer, Gewinne, Gewinne, Gewinne, und eine Schießbude. Ein entfesselter Bruder im Geschwindigkeitsrausch sorgte für ein Feuerwerk der guten Laune. Der Markt der Möglichkeiten, er war hier und jetzt. In meinem Kopf Gedanken, was die Leute heute wieder denken. In einer Zeit, in der sich der Mensch immer mehr zum Maß der Dinge macht und so tut, als habe er alles im Griff. Und dunkle und kalte Ideen die Debatte beherrschen, von vermeintlichen Vordenkern, jenen, die sich durch den Siegeslauf der Maschinen und der Machbarkeit durch Algorithmen bestärkt fühlen, ihre Fantasien von Gesundheit durchzusetzen. Jene, die meinen, dass Menschen nur aus drei Gründen etwas für andere tun: aus Liebe, Geld oder Gewalt. Deren Werte Reichtum, Ruhm und Rache sind und Verachtung für die Bedürftigen. Die Stimmung ist zunehmend reaktionär, in den neuen technologischen Welteroberungsformeln der

Hightech-Elite im kalifornischen Silicon Valley wie im Denken und Handeln so mancher Politiker. Frauen wie Männer.

So sorgte eine Anfrage der AfD im deutschen Bundestag für Entsetzen. Abgeordnete dieser Partei, die sich gegen „ideologisch motivierte Inklusion" stellt und behinderte Menschen auf Dauer in Sonderschulen abschieben will, da Kinder mit Behinderungen nicht in „gesunde Schulen" gehörten, fragten nach der Zahl geistig behinderter Menschen aus inzestuösen Beziehungen und außerdem noch nach dem Migrationshintergrund in diesen Fällen. Zudem sei Inklusion, ein „Ideologieprojekt", von dem das Bildungssystem „befreit" werden müsse.

Johannes und ich haben darauf nur eine Antwort: Liebe. Denn ohne Liebe, so sang schon Peter Alexander, Herz, Schmerz und so, kann man nicht durchs Leben gehen. Auch wenn man dabei einen Rollator schiebt.

Aber jetzt hatte Johannes ein Rad. Er war der King. Zwei Wochen rollten wir durch die Gegend und riefen immer wieder Mama und Papa an, sie waren immer noch nicht zu Hause. Ihre Kur wurde Woche um Woche verlängert, und mein Vater meinte, er wüsste auch nicht, warum. Schließlich fragte ich mal bei der Schwester auf der Station nach und sagte: „Sie machen das bestimmt, weil Sie Geld verdienen wollen. Und um meinen Eltern was Gutes zu tun, nach all dem, was sie Gutes getan haben."

„Stimmt beides", meinte die Schwester und lachte.

„Johannes hat jetzt ein Fahrrad, wir sitzen gerade nebeneinander und strampeln kräftig", erzählte ich meiner Mutter.

„Ich kann mir das gar nicht vorstellen", sagte sie, Tandem kannte sie nur hintereinander.

„Macht ihr mal weiter schön Urlaub, ich bleibe hier und warte auf euch", sagte ich.

Längst musste Johannes wieder arbeiten, und eines Tages meinte er: „Ich will mit dem Rad zur Arbeit fahren."

„Klar", sagte ich, „ich hole dich ab."

Kurz vor halb acht kam er aus dem Aufzug, wie immer war er der Letzte und der Bus wartete.

„Ihr könnt schon mal los", rief Johannes, „ich fahre mit dem Rad."

Johannes hatte mich am Vorabend zögernd gefragt, ob er wohl allein mit dem Rad fahren könne. Eines Tages vielleicht, sagte ich, aber besser, es ist immer jemand dabei, einfach so, es sind zu viele Leute unterwegs, die sich beim Fahren nicht so konzentrieren. Johannes nickte, und so strampelten wir den anderen hinterher. Wir überholten schließlich den Bus und kamen noch vor den Kollegen bei der Werkstatt an. Es gab ein sehr lautes Hallo: „Was hast du denn da?" Johannes saß da wie ein König auf seinem Thron und ließ die Huldigung über sich ergehen.

Einer nach dem anderen bewunderte den hinkenden Kollegen, aus dem plötzlich ein Kutscher geworden war.

„Komm", sagte Sandra, „fahr mich mal zur Arbeit." Sie stand kurz vor dem Eingang, es waren nur ein paar Meter. Sandra nahm Platz und Johannes nahm zielstrebig Anlauf. Seine Kollegen sprangen zur Seite, und nach einer scharfen Rechtskurve ging es den Gang entlang. Ein ums andere Mal streifte er die Wand, mal rechts, mal links, bis irgendwann wirklich kein Durchkommen mehr war.

Ich verlängerte meinen Urlaub und blieb. Wartete, bis Johannes von der Arbeit kam und wir wieder loslegen konnten. Johannes wollte weiterhin nicht, dass auch ich in die Pedale trete. „Es ist mein Rad", sagte er stolz. Er war der Chef und ich legte meine blanken Beine über den Lenker und ließ mich fahren. Wir besuchten unsere Freunde, Barbara und Hubert, Irene und Biggi, Lou und Dani, Michael und Gustl. Martin und Uli kamen extra aus Köln, um das Wunder zu bestaunen. Mit jedem Tag wurde Johannes selbstbewusster, und eines Tages sah ich ihn in der Küche stehen, lässig gegen einen Schrank gelehnt, die Hände in den Taschen und die Beine übereinander gekreuzt. Er stützte sich nicht ab wie sonst; Johannes in einem hellen Streifen-Shirt und einem verspielten Touch in die Urlaubsgarderobe, sah aus wie ein Zahnarzt, der gerade von einem Segeltrip kommt. So hatte ich Johannes noch nie wahr genommen. Ach, so sieht das aus, wäre da nicht dieser Stab im Rücken und all das andere, was ihn behindert, dachte ich.

„Die Schwerkraft wird überbewertet", sang ich, ein Lied von Peter Licht. „Johannes", sagte ich, „es ist dein Lied: Die Schwerkraft, singt er, wird überbewertet, man braucht sie gar nicht, wie man wohl im Weltraum sieht."

Johannes stand bestimmt zehn Minuten so da, es war ein erstaunlicher Moment. Bis er plötzlich von sich selbst überrascht war und kurz zur Seite kippte, sich aber fing. Natürlich hat er eine panische Angst vor dem Fall, ein jeder Mensch hat Angst davor. Aber diese Szene war wie ein Mutausbruch.

Schob Johannes danach den Rollator durch die Gegend, ging er schneller als sonst, er rannte fast. Seine Haut wirkte frischer und erholter. Und als das Fahrrad einen Platten hatte, nahm ich ihn an die Hand und wir schafften einen Spaziergang von fünf Kilometern. Ich habe die Strecke extra noch mal vermessen.

Erstaunlich, Johannes dabei zu beobachten, wie ihm seine Euphorie zu Kopfe stieg und er immer wieder in Jubel ausbrach, den ich so noch gar nicht kannte. Jeder Tritt kurbelte die Durchblutung an und setzte Neurotrophine frei; ich stellte mir vor, wie in seinem Hippocampus einzelne Nervenzellen Verbindung miteinander aufnahmen und sich neu verknüpften: Ach, du auch noch hier? Ich zückte mein Handy und schaute nach, was die Mediziner zu dem, was hier gerade passierte, sagten. Was da los war in Johannes' Kopf, weil er wie wild strampelte und ziemlich viel lachte dabei.

„Johannes", sagte ich, „hör zu: Deine prämotorische Rinde, also die aus dem supplementär-motorischen Areal im hinteren Teil des Stirnhirns, ist gerade schwer aktiv. Und deine Großhirnrinde steuert die Ausführung der Bewegung. Von dort gelangen Befehle über Nervenfasern im Rückenmark an die Muskeln, sie führen die Bewegungen aus. Über Hirnstamm und Rückenmark übertragen Motoneuronen den Bewegungsreiz an die Muskelzellen. Das Kleinhirn überwacht die Muskelarbeit und vergleicht die geplante und die tatsächlich ausgeführte Bewegung. Haste verstanden?"

„Jau", meinte Johannes nur.

Mein Job beschränkte sich von nun an darauf, dass Johannes in Einbahnstraßen nicht die falsche Richtung einschlug („Wie, das machst du doch auch?") und ihn daran zu erinnern, dass man hinter uns fahrenden Autofahrern durch wegweisendes Winken mit der rechten oder wahlweise linken Hand die eine oder andere Unannehmlichkeit ersparen könnte. In diesem Sommer waren wir der Schrecken der Landstraße.

Susi

Dass es Johannes und den anderen so gut geht, dort im Heim, liegt auch an denen, die für sie da sind. Den Sozialarbeitern und Erziehern, die kein Problem damit haben, wenn beim morgendlichen Schichtbeginn mehr oder minder zwei Worte als Erstes fallen: Kaffee. Und Kacke.

Denn so fängt der Tag an. Mit einem gedanklichen Rundgang durchs Haus, mit Fragen an die Nachtschicht. Wer war nicht gut drauf, wer hat abgeführt und wer nicht? Stuhlgang, ein Riesenthema. Wie oft hat wer geklingelt und nach Hilfe gerufen? Andere besondere Vorkommnisse? Das sind natürlich wichtige Fragen beim Übergang von der Nacht in den Tag. Für jeden, der hier seinen Dienst tut. Wie Susi, zum Beispiel.

Susi ist seit fünf Jahren dabei. Sie ist Sozialarbeiterin, unsere Betreuerin, wie Johannes sagt. Herrenabend, Betreuer, Heim: Johannes mag altmodische Begriffe, er kümmert sich nicht um die neuen Wörter.

Susi aber, sie muss das schon, berufsbedingt. Denn man sagt nicht mehr behindert, das ist diskriminierend. Man sagt jetzt: Menschen mit Beeinträchtigung. Oder: Menschen mit besonderen Bedürfnissen. Besonders sind sie auch, all die Damen und Herren, die da wohnen und lachen und sind.

„Inklusion ist, wenn man das nicht merkt", meint Susi. „Wenn man gar nicht mehr darüber nachdenkt, mit wem man es nun gerade zu tun hat. Wer jetzt was hat und welche besondere Art."

Unten, im Büro, gibt es einen Schrank mit Ordnern, voll mit Gebrauchsanweisungen für Medikamente und Krankheiten und besonderen Macken, sagen wir mal so. Darin erklären Ärzte, welche Wörter sie erfunden haben für welche Art des Nichtnormalseins. Viele lange Jahre stritten Gelehrte um den angemessenen Sprachgebrauch. Wichtig war, keine diskriminierenden Begriffe zu finden, aber finde die mal. Schließlich einigte sich die Bildungskommission des deutschen Bildungsrats darauf, mit „Behinderten" alle Menschen zu meinen, „die infolge einer Schädigung ihrer körperlichen, seelischen oder geistigen Funktionen so weit beeinträchtigt sind, dass ihre unmittelbaren Lebensverrichtungen oder ihre Teilnahme am Leben der Gesellschaft erschwert werden". Das Bemühen, bloß nichts falsch zu machen, setzte sich fort in Ratschlägen für eine korrekte Sprache. Statt „behindertengerecht" sollte es lieber „barrierefrei" heißen, statt „taubstumm" besser „gehörlos", statt „Pflegefall" besser „pflegebedürftige Person". Vielleicht sollte man demnächst einfach so sagen: Es gibt Menschen mit offensichtlicher Behinderung. Und Menschen ohne offensichtliche Behinderung.

Bei Johannes und Niels und eben auch Susi spielen die Worte eher keine Rolle, kann doch jeder sehen, was geht und was nicht. Was nicht geht, zum Beispiel, ist, dass sich Männer schminken oder Röcke tragen, wie manchmal im Fernsehen; das geht nun überhaupt nicht, sagt dann zum Beispiel Nicole, so etwas will in ihren Kopf nicht rein.

Das Haus hat sich in fünf Gruppen organisiert, vom Keller bis ganz oben. Johannes ist in Gruppe drei und Susi eine von 31 Mitarbeiterinnen. Manchmal, beim Kaffeetrinken nach der Arbeit oder wenn Geburtstag ist, singt sie mit Johannes und den anderen Schlager. Textsicher sind sie nicht, aber die Melodien haben die meisten drauf. Dann summen sie oder machen lalala, so klingt das.

Einmal, als es richtig laut wurde und durcheinander, meinte Susi: „Mein Gott, ihr seid doch alle bekloppt." Sie meinte das herzlich erstaunt, aber noch erstaunlicher war, dass sich Johannes zu ihr herumdrehte und laut lachte. „Was meinste", sagte er, „warum wir hier sind."

Da haben sich alle kringelig gelacht.

Es ist nicht so, dass sie nicht gerne nicht bekloppt wären oder weniger körperlich oder geistig beeinträchtigt; aber im Großen und Ganzen sind sie einverstanden mit ihrem Schicksal. Vielleicht können sie auch nicht anders oder haben nicht die intellektuelle Fähigkeit, nun genau zu forschen, was ihnen fehlt; beeindruckend aber ist es schon, wie gelassen sie mit ihren Gebrechen umgehen.

Nicci zum Beispiel sagte neulich, sie habe ein Down-Syndrom, aber das gehe wieder weg. Johannes meint, das sei Quatsch, einmal behindert, immer behindert. Nicci ist die einzige Frau in der Gruppe drei, da, wo der Herrenabend stattfindet. Einen Frauenabend gibt es übrigens nicht, Nicci würde fürchterlich gern mal einen organisieren. Aber es sind zu viele Männer in ihrer Gruppe. Wenn die sich dann treffen, sitzt Nicci alleine auf dem Sofa im Gruppenraum und schaut Fernsehen. Manchmal setzt sich Susi daneben und hält Händchen. Oder sagt: „Komm, Nicci, wir beide machen jetzt einen Schönheitsabend und schminken uns." Gerne was mit Pink, das passt gut so zu dem rosa Pullover, den Nicci so mag. Oder ihrem schwarzen Glitzerpulli mit Silber drin, diesen würde sie am liebsten gar nicht auszuziehen, so schön ist der.

Im Heim oder in der besonderen Wohnform ist es so – Moment mal. Wir schreiben ab jetzt weiter Heim, das ist für alle einfacher, vor allem auch für Niels, der BVB-Fan ist, und die Dortmunder sagen ja schließlich auch nicht Signal Iduna Park zu ihrem West-falenstadion. Sein Zimmer ist eine einzige gelbe Wand, wie die Dortmunder ihre größte Fan-Tribüne nennen, aber das nur am Rand.

Im Heim also ist es so: Bis auf die Rollifahrer und ein paar, die Arbeitszeitverkürzung haben, werden alle morgens um Viertel vor sechs geweckt. Und je nachdem, wie schnell sie sind, stehen sie dann auf und machen sich fertig. Anziehen, Zähne putzen und rasieren, die Herren jedenfalls. René rasiert sich jeden Morgen, eine halbe Stunde lang, bis die Haut weg ist, aber die wächst den Tag über immer wieder nach. Alle sagen: „René, das ist Quatsch, so lange rasieren." Aber René hört nicht. Erstens, weil er wirklich schwerhörig ist. Wäre er „leichthörig", würde er es aber erst recht nicht machen, weil er seine eigenen Vorstellungen hat von Struktur.

Er baut sich zum Beispiel im Badezimmer neben dem Gruppenraum, dort, wo die große Badewanne ist, immer wieder seine eigene Drogerieabteilung auf. Aus den Vorratsräumen im Keller holt er Gummihandschuhe, Handtücher und Einmalwaschlappen, die dann irgendwo anders fehlen, auch gerne Desinfektionsmittel. Und dann räumt er die Fensterbank frei und deponiert dort alles. Da soll eigentlich gar nichts weiter stehen, weil dieser Raum ein Raum für alle ist, wo jeder ein bisschen Rücksicht nehmen sollte.

René sammelt auch Zettel und Stifte. Seine Taschen sind immer gefüllt. Er zieht auch gern, unabhängig von Jahreszeit, Luftdruck oder Temperatur, viele Sachen an. Drei oder vier Oberhemden übereinander und dazu eine grüne Jacke mit Kragen und Kapuze. Seinen Rucksack stopft er mit Klamotten voll. Wenn Susi da ist und das sieht, ist immer Theater. „Ach, René, jetzt hör doch mal auf damit", rufen die anderen. Sie sind manchmal auch genervt von ihm, weil er ihnen auch mal ein Brot wegnimmt oder einen Joghurt. Nicht, weil er der Dieb ist: René denkt, ein anderer könnte es vielleicht besser brauchen.

Aus der Werkstatt, dort, wo er in der Verpackungsabteilung arbeitet, dort, wo Blümchen gemacht werden aus Holz mit einem Stecker, nimmt er gerne Teelöffel und kleine Senftütchen mit. Als Susi noch neu war in der Gruppe, wunderte sie sich, warum die Schublade voll war mit Teelöffeln.

„Ja, weißt du das nicht", haben Johannes und die anderen gesagt, „die bringt René immer aus der Werkstatt mit."

Susi hat gesagt: „So, das geht nicht", und hat die Teelöffel wieder zurückgebracht. Susi hat auch Struktur.

Susi hat Pädagogik studiert und wurde kurz vor ihrer Diplomarbeit in Kunsttherapie Buchhändlerin. Sie liest jede Woche zwei, drei Bücher. Gerne Romane, die in Schottland spielen. Wenn Schottland draufsteht, kauft sie es. Alles, was mysteriös ist und dunkel und mit Nebel und in einem Cottage oder einem College spielt, Dark Academy, verschlingt sie. Susi kauft auch auf Vorrat, Hauptsache, sie hat es. Was Bücher angeht, ist Susi ein bisschen wie René, nur dass sie sich nicht drei oder vier Hemden anzieht beim Lesen.

„Er ist anstrengend, aber sehr süß", sagt sie.

An die Sache mit René haben sich alle gewöhnt; auch daran, dass Johannes immer fünf Minuten zu spät kommt, danach kann man die Uhr stellen. Gefrühstückt wird an einem langen Tisch mit Platz für zehn Leute, gedeckt wird immer am Abend davor. Es gibt Kaffee und Konfitüre und Wurst und Käse und Thomas isst ausschließlich Schokostreusel; das Frühstück ist relativ langweilig, weil alle noch müde sind und nicht mal mehr was sagen, wenn Niels rülpst. Er findet das witzig, so durch die Gegend zu rülpsen.

Susi nennt diese Runde „Das Frühstück der Fußläufigen". Wäre auch ein guter Titel für ein Buch, spielt aber nicht in Schottland, sondern am niederen Rhein, wo ebenso Nebel wabern.

Fußläufige sind die, die höchstens einen Rollator brauchen und spätestens um halb acht am Bus sind.

Susi ist dann schon mit den Rollis beschäftigt, Frank und Thomas. Frank muss aus dem Bett geliftet und mit seinem Kran in den Rollstuhl gehievt werden; Thomas kann sich vom Bett aus allein umsetzen und wird von Susi in einem Duschstuhl, so heißt das, ins Bad geschoben, Thomas mag gerne Rasierwasser, einen eher herben Männerduft. Und Frank liebt Haargel, wobei er gar nicht so viele Haare hat. Aber genug Haargel.

Wolfgang

Die Betreuer verstehen sich als Prozessbegleiter. Ermöglicher und Unterstützer. Sie nehmen sich Zeit und schauen hin. Achten darauf, einem jeden mit der ihm eigenen Geschwindigkeit zu begegnen. Natürlich nervt Langsamkeit, natürlich nervt, wenn Johannes als einer der Letzten aufsteht und ermahnt werden muss, nicht zu trödeln, weil gleich der Bus kommt, ihn und die anderen in die Arbeit zu fahren. Aber er schafft es immer wieder, rechtzeitig da zu sein. „Guten Morgen, na, alles klar bei euch?"

Die Betreuer sind für die Damen und Herren im Heim da, nicht umgekehrt. Diese geben Rätsel auf, weil sie oft und nicht gleich zum Ausdruck bringen können, was ihnen auf dem Herzen liegt oder wo der Schuh drückt. Da ist Geduld gefragt und freundliche Hingabe, Stress kann niemand gebrauchen. Denken dauert, und nicht nur nicht behinderte Menschen haben größte Schwierigkeiten, das, was sie fühlen, in Worte zu kleiden. Die Frage ist ja auch, ob Worte wirklich zutreffend beschreiben, was gerade ist. Sagt da jemand Ja, obwohl er Nein meint? Und was meint einer, wenn er nichts sagt? Signale richtig zu deuten, das ist die Kunst. Körpersprache zu beherrschen, die Kür.

Das Kopfkratzen, das Wippen mit den Füßen, ausladende

Mimik: Was ist, abseits der Worte, die versteckte Botschaft? Was bedeutet ein mehrfaches Klatschen mit der rechten Hand gegen die Backe? Das Beißen und Spucken, das Treten und Schubsen, der Drang, Dinge zu zerstören.

Gesten als in eine Form gegossene Gedanken. Nicht einfach für ein unerfahrenes Gegenüber, diese zu deuten. Ruhig zu bleiben. Der will nichts Böses. Nur was zum Ausdruck bringen. Aber was?

Einer, der sich richtig gut auskennt mit nonverbaler Kommunikation, ist Wolfgang, der Chef. Ein Kerl wie ein Baum. Groß und stark und deutscher Vizemeister im Kanu. „Kante" sagen seine Freunde; im Ruhrgebiet bedeutet dies das höchste Maß der Anerkennung, was Körper und Kraft betrifft.

Wenn Wolfgang sagt, „ich gehe mal schwimmen", sind im Sommer schnell schon mal zwei Kilometer weg. Kante ist da nicht wählerisch, Baggerloch, Waldsee, was gerade so kommt. Seine halbe Jugend hat er paddelnd auf Flüssen verbracht, Lippe hoch, Lippe runter, genau dort, von wo die Römer nach Germanien einfielen und später schmählich scheiterten. Sein Spielplatz war der Kanal neben dem Fluss, der von Wesel nach Datteln führt.

Einmal die Woche fährt er mit einem Freund zum Bankdrücken. Das weiß kaum einer. Dann wuchtet er an einem Abend mit einer Langhantel zehn Tonnen in die Luft, bis die Muckis brennen, wie er sagt. Erschöpfungstraining: So lange, bis er nicht mehr kann. Sind andere müde, fängt für ihn der Spaß erst mal an. Jetzt aber leidet Wolfgang unter einer Arthrose im letzten Stadium, das kommt vom vielen Rennen durch den Wald und seiner Idee,

Marathon zu laufen. Wolfgang hinkt ganz schön. „Aber egal", sagt er. Drachenbootrennen klappt trotzdem, das macht er auch noch. Natürlich als Kapitän von 20 Mann.

Wolfgang leitet das Haus seit zwölf Jahren. Als er noch Sozialarbeit studierte, finanzierte er sein Studium als Türsteher, gemeinsam mit einem Freund, der Eishockey-Torwart war. Die beiden zusammen machten so viel Masse, dass man die Tür nicht sah. Da kam keiner durch.

Wolfgang mag Grenzen testen. Probieren, was alles geht im Leben. Sich nicht abfinden. Da ist er hier richtig, im Heim am Außenwall, irgendwie sind hier alle Spitzensportler. Extremisten, im besten Sinn. Die Arbeit ist ihm Herzensaufgabe und Traumjob. Wolfgang will nichts anderes machen. Er hat viel von seinen behinderten Freunden gelernt, vor allem, das Leben lässig zu sehen. „Der ist tiefenentspannt", sagen seine Mitarbeiter, „manchmal zu sehr." Für Wolfgang ist erst mal alles kein Problem; das kann für einen, der das nicht so sieht, ein Problem sein. Er lässt sich nicht so leicht verrückt machen. Das Leben ist einfach genug. Es muss schon wirklich was passieren, bis der sich mal aufregt. Oder Dinge nicht normal findet.

Was ist normal, was bedeutet behindert? Beeinträchtigt? Besonders? Wer definiert was? In einer Welt, die wertet, vergleicht, einschätzt. Nichts kann nur so sein, alles bekommt einen Namen, eine Definition, ein Siegel. „Was hat denn dein Bruder für eine Behinderung?", fragen mich Freunde, wenn ich von ihm erzähle. „Ich kann es euch nicht genau sagen", antworte ich dann, und ich meine es ernst. Ich kenne die Wörter nicht, die Ärzte in Diagnosen geschrieben haben, sie haben für mich keine Bedeutung. Frage ich Johannes, was er ist, sagt er: „Cool. Ich bin cool, Ulrich."

Anhänglich und liebesbedürftig sei er, schrieben Lehrer in früheren Zeugnissen. Freundlich und hilfsbereit. Langsam und sorgfältig. Von zarter Gesundheit und aufmerksam. Ein feiner Kerl, würde ich sagen. Und: Behindert ist man nicht, behindert wird man.

Ich habe Johannes mal nach dem Sinn des Lebens gefragt. Eine große Sache. Kann man nicht jeden fragen. „Mmh", sagte er. Erst mal eine Pause, das ist gut, das machen alle großen Denker, erst einmal Schweigen. Und dann sagte Johannes, er könne jetzt nicht, er müsse duschen.

Als Wolfgang in das Haus kam, gab es noch Doppelzimmer. Er schaffte sie ab. Heime hatten keinen guten Ruf. Sie galten als bessere Gefängnisse. Die Heimleitung regelte rigoros die Bedürfnisse der Bewohner, sie verfügte, was gut oder schlecht sein sollte. Immer zum vermeintlichen Wohl der Verwahrten, die behütet werden sollten und beschützt und somit entmündigt. Nicht ernst genommen. Die Zimmer wurden von außen abgeschlossen, jede Kleinigkeit war geregelt und jeder Bewohner ein Bittsteller. Heute sind die Mitarbeiter dazu angehalten, die Bewohner in möglichst eigenverantwortlicher Lebensgestaltung in allen Bereichen zu befähigen. Sie sind Alltagsbegleiter. Bestimmen nicht, sondern bieten Hilfe an. So wie es einer von Wolfgangs Lehrern, der holländische Pädagoge Willem Kleine Schaars, in seinem

„Assistenzmodell" fordert. Eine andere Sprache, eine andere Sicht, eine andere Haltung. Nicht Bevormundung, sondern Selbstverantwortung. Nicht auf die Schwächen, sondern auf die Stärken schauen. Ermuntern und ermutigen. Ein wirkliches Miteinander fordern oder fördern, Austausch und Aussprache. Echte Begegnung statt Bewertung. Ein Gefühl dafür zu entwickeln, wie es dem anderen geht und es nur zusammen geht.

Und so alle im Haus zum Mitmachen bringt, von Hanna, mit 23 die Jüngste, bis Kalle, mit 73 Jahren der Älteste. Kalle war 40 Jahre lang Gärtner und lebt hier nun als Rentner. Er ist einer, von dem die Ärzte sagen, er sei in seiner Intelligenz gemindert. Fragt man Wolfgang nach einer Diagnose, winkt er ab. Er sagt, vielleicht könnte Kalle auch allein wohnen. Aber er will nicht.

Wolfgang ist keiner, der Leute beurteilt. Er versucht zumindest, es nicht zu tun. Mit Menschen hat er schon viele Erfahrungen gesammelt. Männer, die meinen, Stimmen zu hören. Frauen, die immerfort denken, das Haus brennt. Wow, denkt er sich dann, was es alles gibt und möglich ist, auch ohne Drogen. Mit Schizophrenie kennt er sich aus, mit wiederkehrenden Psychosen und Wahnvorstellungen. Glaubt man ja gar nicht, wie viele Menschen davon betroffen sind. Wolfgang ist auch Schöffe beim Jugendgericht, das Leben kann ganz schön hart sein. Wenn ein zwölfjähriges Mädchen als Zeugin aufgerufen wird und berichten soll, wie es war, zu Hause mit dem Vater, und Wolfgang an seine Tochter denkt. Das geht ihm schon sehr nahe.

Bei aller Einschränkung ist für ihn wichtig, dass jeder Bewohner, so weit wie möglich, eigenverantwortlich lebt. Dass nicht über

ihn, sondern mit ihm entschieden wird. Respektvoll und in gegen-
seitiger Achtung. Genau dies so zu tun, fordert er alle heraus, die
im Heim arbeiten. Stellt erprobtes und gewohntes Denken infrage.

Gerade weil behinderte Menschen, abhängig von der Hilfe anderer, oft nicht zu sagen wagen, was sie wirklich brauchen. Eine
spannende Reise, das gemeinsam herauszufinden, behutsam und
empathisch nicht von oben herab, sondern von unten gedacht.
Und dieses Denken auch wieder infrage zu stellen, ach, schau, so
siehst du das also. Gleichberechtigt Wörter zu tauschen, die einem
durch den Kopf gehen.

So ist die Arbeit im Haus am Außenwall also eine herausfordernde
und komplexe Angelegenheit. Ein wirklicher Dienst am Nächsten.
Und natürlich und immer wieder anspruchsvolle Unternehmung,
sich selbst nicht so wichtig zu nehmen. Und vor allem nicht das,
was man denkt. Seine Vorstellung von der Welt anderen zu über-
eignen.

Denn die größte Täuschung, die Menschen erleiden, ist ihre
eigene Meinung; das soll schon Leonardo da Vinci vor vier Jahr-
hunderten gesagt haben. Ein Wahlspruch könnte auch sein: Ver-
meide unter allen Umständen, dir selbst vorzumachen, etwas sei
wahr, obwohl es falsch ist; oder etwas sei falsch, obwohl es wahr
ist. Ziemlich kompliziert, aber wahrscheinlich richtig.

Wolfgang hat es in dieser Sache schon einigermaßen weit gebracht. Er weigert sich, in Kategorien zu denken. In Behinderung.

In Autismus. Skoliose. Trisomie. Körperlich behindert. Geistig
behindert. Lebenswert. Oder nicht. Es gibt ja genug Leute, die
sich damit beschäftigen, Menschen zu sortieren. Wissenschaftler
zum Beispiel versuchen, Leid zu messen und in Tabellen zu erfassen, was schlimmer sein mag. Krebs oder Depression oder Rü-
ckenschmerz. Solche Vergleiche stellen sie an. Um damit eine Art
Rangliste der schwersten Krankheiten aufzustellen und eine Maß-
zahl zu finden für „disability adjusted live years", für „behinde-
rungsbereinigte Lebensjahre", so könnte man übersetzen. Solche
Wörter, ein Wahnsinn in sich. Es ist ein Begriff aus der Soziologie
und Ökonomie, die Bedeutung verschiedener Krankheiten auf die
gesellschaftliche Entwicklung zu messen.

Die schwersten Erkrankungen seien demnach akute Schizophrenie und multiple Sklerose, gefolgt von Drogenabhängigkeit
und Erkrankungen des motorischen Nervensystems. Kann man
Leid messen?

„Eher nicht", sagt Wolfgang. Ihm fallen eher andere Wörter ein,
wenn er über seine Arbeit spricht. Freude. Und Frohsinn. Wenn
ein Gemüt sonnig sein kann, dann seins. Wolfgang zum Beispiel
ist gar nicht mehr in der Lage, sich über Alltäglichkeiten aufzure-
gen. Zumindest versucht er das. Er kommt jeden Morgen mit dem
Zug. Damit fängt es schon mal an: Der bleibt oft stehen und ver-
spätet sich. Ficht dies einen Wolfgang an? Nö. Nervt ihn das? Ja.
Aber er redet nicht weiter darüber, es ist ihm zu blöd. Dieses Jam-
mern und Jallern und Meckern und Motzen. So einer gibt schon
mal als Chef die Richtung vor: eine lässige Grundhaltung. Noto-
rischen Optimismus. So ähnlich wie: Und was draußen passiert,

interessiert ihn nicht, geht die Welt heute unter, geht sie ohne mich. Ich habe Wolfgang mal gefragt, ob er nicht manchmal an seinem Optimismus zweifelt.

„Nö," sagte er, „eigentlich nicht."

„Und woher hast du den?"

„Wahrscheinlich durch meine behütete Kindheit."

Er wurde bei seinen Großeltern groß; sein Opa ging oft mit ihm an den Rhein, setzte sich mit ihm in den Sand oder sammelte Steinchen. Sein Opa brachte ihm bei, die Steine so ins Wasser zu werfen, dass sie ein paarmal hintereinander übers Wasser hüpfen. Ditschen nennt man das am Niederrhein. Heute noch nimmt Wolfgang an den Ditsch-Weltmeisterschaften teil, zuletzt belegte er mit zehn Ditschern hintereinander einen respektablen siebten Platz.

„Ich bin hier Gast", sagt er. „Ich darf hier sein, in dieser Welt." So einfach und kompliziert zugleich. Weltreise nennt er es, wenn er hier durch die Gänge schleicht, irgendwie ist es auch eine Art Erholung für ihn.

Wolfgang war zuvor Ausbilder beim TÜV und versuchte in Berlin, Jugendlichen ohne Abschluss eine Perspektive zu geben. Alle, um die er sich kümmerte, haben die Prüfung bestanden. „Das hat richtig Spaß gemacht", sagt er. Im Callcenter arbeitete er auch schon, „der dämlichste Job aller Zeiten". Bis eine Freundin aus einem Haus für besonders auffällige Jugendliche meinte: „Wolfgang, du musst dich kümmern, wir haben hier einen Jungen, wir kommen nicht klar mit dem, und wenn es einer schafft, dann du."

Wolfgang hatte damals noch keine abgeschlossene Ausbildung als Sozialarbeiter, aber trotzdem. Also fuhr er los, kaufte sich vorher eine Zeitschrift zum Lesen für die Zeit im Bus und setzte sich mit dem Jungen auf eine Parkbank, Freddy hieß der. Er hatte bis dahin Divisionen von Ärzten beschäftigt und tanzte allen auf der Nase herum. Freddy hat erst mal die Zeitschrift zerrissen, so fing es an. Wolfgang blieb ruhig, ungerührt. „Warum machst du das", fragte er, „macht das Spaß?" So ging es weiter, er stellte einfach Fragen. Freddy gefiel das. Es war so unspektakulär, was dieser neue Mann in seinem Leben tat, das war ein neuer Ton.

Am nächsten Tag hatte Wolfgang den Job. Einzelfallbetreuung, fünf Jahre lang. Er bekam Freddy wieder hin.

Wolfgang fühlt sich wirklich wohl mit dem, was er macht. Obwohl, gleich am ersten Tag, als er neu war am Außenwall, wäre er am liebsten fortgerannt; ein Taxifahrer lieferte einen Mann ab, im Rollstuhl und ohne Schuhe, es war eisig kalt. Dirk, so hieß er, kam aus einem Altersheim, mit 28 Jahren und offenen Wunden, Dekubitus. Du meine Güte, dachte Wolfgang, das gibt es doch nicht. Die Pfleger aus dem Altenheim hatten vorher angerufen und gefragt, ob Dirk bei ihnen wohnen könnte, und sie waren froh, dass sie ihn los waren. Keine weiteren Erklärungen.

Wolfgang hatte nicht weiter gefragt, er wollte hilfsbereit sein, aber dieses Szenario hatte er nicht erwartet, wie eine Abschiebung war das. Doch Dirk war nun einmal da und sie würden sich kümmern. Er leidet unter einer spastischen Tetraparese, seine Arme und Beine sind gelähmt und auch noch die Halsmuskulatur und die des Rumpfes. Der Kopf hängt schief, kaum Mimik, was tun? Es gab kaum weitere Informationen über den Mann. Jetzt sitzt Dirk den ganzen Tag im Rollstuhl und muss gefüttert werden.

Und doch lächelt er in sich hinein, so scheint es, und alle lieben ihn. Wer laufen kann, schiebt ihn über die Gänge, hält seine Hand, streichelt ihn, liebkost ihn. Dann strahlt Dirk über das ganze Gesicht und hebt wie zum Dank den Kopf. Es ist eine große Aufgabe, sich um ihn zu kümmern, das Anziehen, das Ausziehen. Beim Zähneputzen beißt Dirk manchmal auf die Bürste, und wenn er einen guten Tag hat, leert er die Schnabeltasse in 15 Minuten. Meistens aber dauert es eine halbe Stunde. Er lacht viel. Das Leben ist schön, lieber Dirk, oder?

Agnes und die anderen

„Ja", sagt Wolfgang, „so ist das bei uns." Dirk lächelt auch nachts, wenn er nach Hilfe ruft und Hilfe kommt. Dann hebt er seinen Kopf kurz hoch und zeigt so seine Dankbarkeit. Das große Glück im Kleinen. Solche Momente erlebt Wolfgang oft, er trägt sie in seinem Herzen, diese Erlebnisse tragen ihn durchs Leben. Alles nicht so schlimm, so schlimm alles auch sein mag.

Hat er neben dem Verwaltungskram mal mehr Zeit, besucht er die Wohngruppen, jede eine Welt für sich. Wolfgangs Weltreise beginnt bei den Rentnern unten im Erdgeschoss, wo Dirk mit seinem Rollstuhl am Kopfende des Tisches steht und den anderen beim Kaffeetrinken zuschaut. Und Agnes Geschichten erzählt und darüber vergisst, wie schwer ihr Asthma ist. Jeder Schritt eine Anstrengung, eine Überwindung, ein Kraftakt.

Agnes sagt: „Ohne den Rollator schaffe ich keine zehn Meter am Stück. Und mit schaffe ich 25. Das ist schon mal mehr als das Doppelte. Ich lasse mich nicht unterkriegen."

Sie nimmt es mit dem Leben auf und ringt diesem Freude ab. Nüchtern und gelassen und klaglos ergeben in ihr Geschick. Denn das verzweifelte Suchen nach Heil lässt den Menschen nicht zur Ruhe kommen.

„Die Menschen machen sich doch nur noch verrückt", sagt

Agnes. Dann schaut sie Dirk an und sagt: „Es könnte mir auch schlechter gehen." Also geht es ihr gut.

Agnes ist die gute Seele des Hauses, freundlich und vertraut und verliebt in ihren Poncho, den sie gern um sich hat, der ist so schön weich. Sie trägt ihn mit Würde. Nur dass sie sich manchmal damit die Nase abwischt, auch beim Essen, das ist so bequem, weil man dann nicht so umständlich in der Hose nach einem Taschentuch kramen muss.

„Agnes, nicht schon wieder", rufen dann alle. Das ist lustig, denn es passt so gar nicht zur ordentlichen Agnes, dass sie da in ihren Poncho schnäuzt, was sie wiederum nicht weiter stört.

„Kratzt mich nicht", sagt sie. Stundenlang hockt sie vor Kreuzworträtseln, afrikanischer Fluss mit vier Buchstaben, „der Niels, kleiner Scherz", sagt sie. Der Witz kommt eigentlich von Wolfgang, er hat ihr ihn geschenkt.

Agnes' Rente ist so gut, dass sie sich kleine Reisen leisten kann, mit dem Bus oder auch schon mit dem Schiff, Mosel, Nordsee, Saarland. Besonders gern besucht sie Orte, die gleichzeitig Weltkulturerbe sind. Städte kennt sie, die kennt keiner. Einmal hat eine Frau sie auf der Straße mitleidig angeblickt und gemeint „Ach, nicht schön, wenn man krank ist."

„Eine Behinderung ist doch keine Krankheit", hat Agnes da nur erwidert.

Sie ist so ein Mensch, für den der Begriff Ruhe in Person erfunden wurde. Man ist gern in ihrer Nähe. Wenn alle Rätsel gelöst sind, schiebt sie ihren Rollator in die Eingangshalle und setzt sich darauf. Und guckt durch die gläserne Eingangstür, was draußen los ist. Die große Glasscheibe öffnet sich automatisch, und wie in einem Theater geht dann der Vorhang auf. Besonders interessiert sie, wer unterhalb der Auffahrrampe in den roten Bücherschrank schaut, den Wolfgang hat bauen lassen. Hier kann jeder nehmen, was er will. Es gibt auch Werke in leichter Sprache.

Wie Wolfgang liebt Agnes Bücher, die mit Vorurteilen spielen. Weil das Leben immer anders ist, als wir es uns vorstellen. So wie es zum Beispiel der amerikanische Neurologe Oliver Sacks in seinen Werken beschreibt. Mit der Geschichte von Rebecca zum Beispiel. Sie war 19 Jahre alt, als sie in die Klinik kam, in der Oliver Sacks arbeitete. Die junge Frau war, mit den Worten ihrer Großmutter, wie ein Kind. Unfähig, sich in der nächsten Umgebung ihres Wohnorts zurechtzufinden. Sie hatte kein Raumgefühl, konnte rechts nicht von links unterscheiden und wusste zum Beispiel nicht, wie man eine Tür mit einem Schlüssel öffnet. Manchmal zog sie ihre Kleider verkehrt herum an und bemerkte es nicht. Sie verbrachte endlos Zeit damit, einen Handschuh oder einen Schuh anziehen zu wollen, ohne dass sie merkte, dass es der falsche Handschuh, der falsche Schuh war. Motorisch ungeschickt und unbeholfen, sah sie sehr schlecht und trug dicke Brillengläser. Rebecca war außerordentlich scheu und zog sich von anderen Menschen zurück. Niemand nahm das Mädchen ernst.

Sie wuchs bei ihrer Großmutter auf, nachdem ihre Eltern gestorben waren. Da war sie drei Jahre alt. Großmutter liebte sie sehr. Und las ihr viele Geschichten vor, Rebecca liebte es. Aber sosehr sie sich auch bemühte, lernte sie nicht, selbst zu lesen.

Psychologische Tests belegten ihre neurologischen Defizite und ihre mangelhaft ausgebildeten Funktionen. Das war die eine Seite, der Blick der sogenannten Gesunden auf eine sogenannte Kranke.

Und nun beginnt die eigentliche Geschichte, das Spiel mit der Überraschung, das andere Leben. Denn einmal traf Oliver Sacks Rebecca außerhalb seines Untersuchungszimmers, als er auf dem Weg zur Klinik den Park durchquerte. Frühling war, und Rebecca saß allein auf einer Bank. Sie war wie entrückt und genoss glücklich die Strahlen der Sonne, hingebungsvoll fast. Als Sacks sie ansprach, sprudelten Worte aus ihr heraus, schöne, feine, frische Wörter. Und der Neurologe fand seinerseits gute Worte dafür: „Sie war zu Hause", schreibt er, „in der Welt der Poesie." Und weil auch ihre Großmutter ihr von der Welt erzählt hatte, war sie in der Lage, die Welt irgendwie sprachlich zu fassen. Und ihre Stimmung zum Klingen zu bringen.

Es war erstaunlich, meinte Sacks, wie gut Rebecca Metaphern und Symbole verstand, wenn sie in einem Gedicht vorgelesen wurden, während sie umgekehrt größte Mühe hatte, einfache Anweisungen oder Begriffe zu verstehen. Später sah er sie tanzen, und wenn sie tanzte, verlor sie ihre motorische Unbeholfenheit. Dann war sie nicht mehr ihrer Möglichkeiten beraubt. Sondern eine begabte junge Frau. Trotz ihrer vielfachen Behinderungen war Rebecca, jetzt 19 Jahre alt, in der Lage, sich für das zu entscheiden, was ihr ein gutes Leben bedeutete. Was sie wirklich brauchte, was sie wirklich liebte, war Theater, war Musik. Das Berührtwerden mit allen Sinnen.

Ja, jeder Mensch hat seine andere Art, wie meine Mutter zu sagen pflegt. Sie bildet manchmal Sätze, die Koans gleichen, jenen Rätseln ähnlich, die Zenmeister ihren Schülern auf der Reise ins Verstehen angedeihen lassen. Ohne es vielleicht wirklich beabsichtigen zu wollen, hat sie uns Kindern damit Handlungsanweisungen mit auf den Weg gegeben, die uns das Staunen lehrten. Und einen Sinn für die kleinen und großen Wunder dieser Welt. Dem Gefühl, dass die Dinge miteinander verbunden sind und das eine nichts ist ohne das andere. Und ein jeder seinen Teil zum Gelingen beiträgt durch Gesten und Worte. Auch durch Berührung, innerlich wie äußerlich. Eine streichelnde Hand, eine Umarmung, ein zärtlicher Blick. Wie wohl meine Mutter anfangs nicht verstehen wollte, dass Johannes eben auch ein Liebesleben haben wollte, nicht auch das noch, von sich aus schon sehr kompliziert; darüber wurde auch nicht gesprochen, es wurde stillgeschwiegen, weil es so einfacher war.

Aber eines Tages schob sich Johannes zu Wolfgang ins Büro und meinte, er wolle auch mal Sex haben.

„Nun gut", sagte Wolfgang, „da gehören ja nun zwei Menschen dazu."

„Ja, weiß ich", sagte Johannes.

Dann überlegten beide, wie das möglich werden könnte. Wolfgang erkundigte sich und fand eine Frau, die behinderten Menschen Berührungen bietet, in einer geschützten Umgebung, liebevoll und zugewandt, Streicheleinheiten. Die Sexualität von behinderten Menschen ist vor allem für Eltern oft ein großes Problem, sie finden keinen Umgang damit, manchmal verschämt die Gefühle ihrer Kinder verneinend. Ein Tabuthema, sehr lange

Zeit, Bedürfnisse verleugnend oder unterdrückt. Lustvolles Erleben aber bedeutet auch Zuneigung und Vertrauen und ein würdevolles Miteinander. Eine sinnliche Erfahrung. Und Menschen mit einer Behinderung sind nun mal keine geschlechtslosen Wesen.

Johannes fühlte sich fein mit dem, was Wolfgang vorschlug. Seit dem fährt er alle paar Wochen zu Pia, sie tut ihm gut; das taube, stumme Verdrängen eigenen Verlangens löst sich so in wonnenhafte Momente auf, und Johannes ist glücklich, für wenige Augenblicke einen Menschen zu haben, der ihm eine ganz andere, eine neue Sprache beibringt. Sex ist es nicht, was sie machen, aber so ähnlich.

So birgt das Leben für jeden hier Überraschungen, und eine von diesen erlebte jetzt Agnes' beste Freundin, die Annemarie. Sie wohnt mit ihren Wellensittichen im Zimmer nebenan. Anne, wie sie selbst lieber genannt wird, hat vier Vögel: Pünktchen, Paulinchen, Pucky, Pidgin, zwei Männchen und zwei Weibchen. Anne häkelt auch gern, strickt Schals und Pullover, und verschenkt sie dann. In ihren linken Oberarm ist ein Sender hineinoperiert, dieser misst die Blutzuckerwerte, ganz praktisch. Sie erhält zwei Sorten von Insulin, eine für die Nacht und ein schnell wirkendes zu den Mahlzeiten, bei denen immer Platz bleiben muss für einen Pudding danach. Einmal aber sind ihre Werte so abgesackt, dass sie vom Sofa rutschte und ins Koma fiel. „Ich muss schon aufpassen", sagt sie, „aber ich kann damit leben."

Letztens, dass muss sie noch erzählen, habe sie eine echte Aufregung erlebt. Sie wollte ihren Bruder an seinem Geburtstag besuchen, wusste aber nicht, wo er nun genau wohnt. Nie hatte er sich gemeldet, und ihre Ahnung war nur, dass er irgendwo in Paderborn sein sollte, in einer betreuten Wohngruppe. Das hat sie Wolfgang erzählt. Der meinte, dann schauen wir mal. Wolfgang ist keiner, der sagt, das geht nicht. Er macht möglich. Zumindest versucht er es.

Also hockte er sich einen Nachmittag vor den Computer und suchte im Internet nach Bildern von Wohngruppen in Ostwestfalen. Das dauerte ein paar Stunden. Doch plötzlich stand er im Zimmer von Annemarie und meinte:

„Schau mal, der hier, dieses Foto, ist das nicht dein Bruder, der sieht doch so ähnlich aus?"

Annemarie traute kaum ihren Augen. „Das gibt es doch nicht", sagte sie, „ja, das ist der Peter, wo wohnt er genau und können wir da mal anrufen, geht das?"

Und tatsächlich, Peter war am Apparat und lud seine Schwester ein.

„Wir fahren da hin", sagte Wolfgang, und dann haben sie Peter überrascht in seiner schönen Wohnung im ersten Stock mit dem großen Fernseher. Annemarie hatte einen kleinen Kuchen mitgebracht und ein paar selbst gestrickte Socken.

„Wir waren neun Geschwister", sagt Annemarie, „ich war die Erste, und jetzt haben wir alle kaum noch Kontakt." Sie hat auch einen Mann, wie sie sagt, aber den hat sie lange Jahre schon nicht gesehen. So entsteht auch kein Streit. Ihre Familie sind jetzt Agnes und die anderen. Kalle und Dirk und Johannes und Willi, ach, eigentlich alle.

Frauentyp

Willi ist auch so einer. Ein Charakter. Deutscher Vizemeister im 800-Meter-Lauf, bei den Special Olympics, viele andere Medaillen hängen an seiner Wand. Heute sammelt er Bilder von schönen Frauen aus Zeitschriften und stapelt sie auf seiner Fensterbank. „Ich bin ein Frauentyp", sagt Willi.

Vor seinem Bett hat er einen großen Parkplatz angelegt mit den schönsten Autos dieser Welt, wohlsortiert und nicht nur von Lego. Er weiß, wo er einen Ferrari billiger bekommt, aber noch mehr mag er schöne Frauen, und damit nervt er alle. Er will immerfort von ihnen erzählen, allein schon, weil er so viele Bilder von ihnen besitzt und dazu noch die schönen Autos. Seine Begeisterung schwappt aber nicht so recht über. „Boah, Willi, lass es", sagen die anderen. Er ist dann traurig, aber wenn man ihm sagt: „Du, Willi, das interessiert keinen, behalte es lieber für dich", fühlt er sich wieder gut.

„Ist besser so", sagt Willi dann.

Frank, sein bester Freund und im Zimmer gegenüber, sagt das auch: „Müssen nicht immer alle wissen."

Von ihm wissen auch viele nichts, von seiner Geschichte, über die er nicht gerne reden will, weil er froh ist, dass er sie so langsam verdrängen kann, so schrecklich, wie es war. Frank hatte nämlich ein normales Leben, bis er mit 16 Jahren auf dem Mofa mit voller Geschwindigkeit auf ein Auto prallte. Er hatte sich mit seiner

Mutter gestritten und war verärgert und wütend abgehauen; keine Erinnerung, was danach passierte, außer, dass sein Leben schwarz war, tiefe Nacht, neun Monate lang, so sagten die Ärzte später. Das Mofa war noch gar nicht so alt, wenige Wochen nur, und auch noch frisiert; jetzt sitzt er im Rollstuhl und ist einigermaßen klar im Kopf und kann nachdenken, was auch nicht immer gut ist.

Seine Mutter macht sich Vorwürfe, er auch, aber niemand kann etwas ändern. Es bleibt der Schmerz, keine Familie zu haben und Kinder wie seine Brüder, furchtbar ist das. Und doch freut sich Frank, hier zu sein. „Hier ist es gut, hier fühle ich mich wohl", sagt er. Frank hat sich eingerichtet in seinem neuen Leben, beschränkt und doch frei. Er wäre gerne gereist und weiter herumgekommen. Jetzt schicken ihm Freunde und Brüder Aufmerksamkeiten und Andenken von überall her, Frank sammelt Kaffeebecher. Seine Regale sind voll davon. Wenn er mal wieder ausbrechen will aus seinem Leben, geht er auf ein Rockkonzert, zu Doro Pesch oder Bon Jovi, *it's my life*.

Frank ist noch nicht so lange hier. Er ist froh, einen Platz gefunden zu haben. Die Liste derer, die im Heim wohnen wollen, ist lang. Wer Glück hat, wartet nur drei Jahre. Das Haus ist beliebt, viele wollen rein. Es gibt aber auch Notaufnahmen, von jetzt auf gleich und wenn schnelle Hilfe nottut. Bei Michael war es so, nachdem beide Eltern kurz hintereinander starben und er allein übrig blieb in einem großen Haus. Einem Haus, dem er all die Jahre nicht entfliehen konnte, weil Vater und Mutter ihm die fremde Welt da draußen nicht zutrauten und ihn schützen wollten vor allem Unbill. Michael lernte so nie das Leben, er kannte nichts anderes als das, dass er nichts konnte.

Unvorstellbar, in unseren Tagen, das immer noch Menschen eingesperrt werden im vermeintlichen Bemühen, doch nur das Beste für sie zu wollen. Michael kam jedenfalls her und hatte einen ersten großen Wunsch. Er wollte mal allein einkaufen gehen und sehen, wie sich das anfühlt. Und Bus fahren, das müsste doch auch schön sein, ganz bestimmt sogar. Fast 50 Jahre hatte es gedauert, sich diesen Wunsch zu erfüllen, die Welt ist groß. Und dann beobachtete er, wie die Leute einfach so Flaschen wegwarfen, nicht in einen Container, sondern auf die Straße. Also besorgte Michael eine große Tüte und begann, Flaschen zu sammeln, damit es da draußen nicht so unordentlich aussieht. Er bewegte sich viel und nahm so in wenigen Wochen 35 Kilo ab, er war nur noch unterwegs und es tat ihm gut. Er wollte was, er konnte das, er durfte das.

Dieses Heim war eine große Befreiung und jede Ermutigung von Wolfgang und den anderen mehr als ein Geschenk. Dass es da Menschen gab, die ihm zuhörten und ihn nicht wegsperrten. Er lernte das Leben neu und den Umgang mit Geld und Sudoku, wo ihm keiner was vormacht. Eine Freundin hat er hier auch gefunden und so schön lachen kann er, der Michael. Vielleicht zieht er aber bald in eine betreute Wohngemeinschaft, wo er noch freier aufspielen kann, auch dies hat das Team Nächstenliebe von der Caritas im Angebot.

Caritas ist wirklich ein schöner Name für eine Organisation, die für die Würde des Menschen streitet. Für Solidarität mit den Schwachen, für Gerechtigkeit, für Selbstbestimmung. Über hundert Jahre alt, ist die Firma mittlerweile ein ganz großer Laden geworden und mit bundesweit fast 700.000 Mitarbeiterinnen und

Mitarbeitern der größte privatrechtliche Arbeitgeber der Republik. Es ist ein gutes Gefühl, in einem Land zu leben, in dem so viele Menschen dafür bezahlt werden, hilfsbereit zu sein. *Ubi caritas et amor, deus ibi est:* Wo Güte ist und Liebe, da wohnt Gott. So heißt es in einem Kirchenlied.

Im Haus am Außenwall, dort, wo die Liebe wohnt, ist aber mehr Helene Fischer angesagt. Atemlos. Durch das Heim. Jedenfalls am ersten Freitag im Monat, wenn die Discokugel blitzt. Und Körper zucken. Dann glänzt Nicci in ihrem lila Lieblingspullover, und Alexa wirbelt wie eine indische Tänzerin aus Bollywood, das hat sie vorher vorm Spiegel geübt. Alle haben sich gewaschen und riechen gut, „Männerduschgel", sagt Ingo. Er ist immerfort verliebt, mal in Sandra, mal in Hanna, vergeblich, unerfüllt, leider und meistens. Das ist zwar nicht schön, aber Ingo macht kein Drama daraus. Schlimmer wäre, man würde bei einem Ausflug seine Tabletten vergessen, wegen der epileptischen Anfälle.

Kam ich mit dem Rad ins Heim, um Johannes abzuholen, warf er sich mir um den Hals, „mein Freund, wollen wir Rad fahren". Rannte ins Büro neben dem Eingang und bat um ein wenig Taschengeld für Eis. Und zack, waren wir wieder weg. Die Betreuer rannten hinter uns her, „hier, Uli, nicht vergessen, hier sind die Tabletten drin für Ingo, falls mal was ist". Ich hatte noch nie mit Epileptikern zu tun gehabt
  „Ingo", sagte ich, „mach keinen Quatsch und hab keinen Anfall, wir gehen nur Eis essen, da darf nichts passieren."
  Ingo nickte und hielt sich an meinen Wunsch.

So eine Eisdiele um die Ecke ist ein Traum. Aber noch schöner ist das Fahrradfahren, Ingo war außer sich vor Glück. Er war noch nie in den Feldern nicht weit hinter dem Heim unterwegs, keiner, der ihn abholt, niemand, der ihn besucht. Er ist einer von denen, die wirklich allein sind; umso mehr genoss er unsere Ausflüge. Es rührte mich.

Das ist wirklich der große Spaß in diesem Heim. Mit diesen Menschen. Wie dankbar sie sind, dass da jemand kommt und sie mitnimmt. Sonniger Tag, wonniger Tag, klopfendes Herz und der Motor ein Schlag, lachendes Ziel, lachender Start und eine herrliche Fahrt.

Es gibt Leute, die Probleme haben mit Behinderten. Vielleicht aus Scham, vielleicht aus Furcht. Vielleicht auch aus Angst vor der Vorstellung, wie es ihnen ergehen würde, würden sie nicht gehen können. „Es gibt eben zweierlei Mitleid", schrieb einst der Menschenkenner Stefan Zweig, „das eine, das schwachmütige und sentimentale, das eigentlich nur Ungeduld des Herzens ist, sich möglichst schnell freizumachen von der peinlichen Ergriffenheit vor einem fremden Unglück, jenes Mitleid, das gar nicht Mitleiden ist, sondern nur die intuitive Abwehr des fremden Leidens von der eigenen Seele. Und das andere, das einzig zählt, das unsentimentale, aber schöpferische Mitleid, das weiß, was es will, und entschlossen ist, geduldig und mitduldend alles durchzustehen, bis zum Letzten seiner Kraft und noch über das Letzte hinaus."

Das hat er schön aufgeschrieben, der Stefan Zweig, und so ist es wahrscheinlich auch. Mitleid spielt hier keine Rolle, sollte keine spielen: Die Haltung der Betreuer ist, dass ihnen die Damen und Herren Behinderte Arbeit geben und sie dementsprechend so gut als möglich ihren Job machen. Fern eigener Befindlichkeit, jenseits eigener Anliegen. Susi musste das lernen, zum Beispiel, als sie vor Jahren herkam und erschüttert war vom Zuckerkonsum im Haus. Diese Ersatzbefriedigung ist und bleibt ein großes Thema, kein Zimmer ohne süßes Zeugs. Wie umgehen damit? Und dann entdeckte Johannes auch noch Cappuccino in Dosen und füllte sich dermaßen damit ab, dass er eines Abends gar vom Stuhl fiel, sagen wir mal, es war ein Zuckerschock. Was macht man da? Sehr unangenehm wurde es, als er deswegen kaum noch schlief und morgens den Bus zur Arbeit verpasste.

„Wolle", also Wolfgang, „trinkt auch so viel", sagte Johannes.

„Aber nur bis 17 Uhr", sagten die anderen.

Es war ein recht kurioser Plan von Johannes, sich mehr oder minder von Kaffee zu ernähren. Sein Pulver erinnerte mich an meine Zeit im Osten, als ich kurz nach der Maueröffnung nach einem schönen Cappuccino fragte und der Mann hinter der Theke fragte: „Na, welchen wollen Sie denn?" Dann öffnete er eine Schublade und holte verschiedene Tüten heraus.

„Mensch, Johannes", sagte ich, „die Welt ist viel weiter, es gibt Maschinen und Druckluft, helle Röstung, dunkle Röstung, Kaffee ist mehr als Pulver und Wasser. Muss nicht nur aus Zucker bestehen, verstehst du?"

„Ja, ich weiß", sagte er, „aber trotzdem."

„Gut", sagte ich, „ist ja dein Magen."

Außer ihm verstand niemand so recht, und Susi fühlte sich berufen, einzugreifen. Die Bewohner sollen ein eigenständiges Leben führen in voller Verantwortung für sich selbst. Ist immer ein heikles Thema und Ermessenssache. Aber was, wenn sich deren Tun gegen sich selbst richtet und womöglich die fragile Gesundheit ruiniert? Immerhin, die beiden setzten sich zusammen, bei einer schönen Tasse Cappuccino mit extra viel Zucker darin, und kamen überein, einander besser zuzuhören und auch im Interesse des Arbeitgebers den Konsum ein wenig einzuschränken. Wenn Johannes etwas nicht mag, dann, dass er seine Arbeit vernachlässigt. Niemals. „Die brauchen mich", sagt er und sowas wie krankfeiern kennt er nicht.

Wunderbärchen

Für Johannes und all die anderen zu arbeiten und für sie da zu sein, ist ein erfüllender Job. Herausfordernd und spannend die Aufgabe, zwischen Interessen zu vermitteln. Gesten zu entziffern und Veränderungen zu spüren. Präsent zu sein für Bedürfnisse, die da sind, aber vielleicht nicht ausgedrückt werden können. Evelyn kann das ganz gut. Hier im Heim besser bekannt als Elewin. Diesen Namen hat sie von Thomas, und der hat es nicht so mit Buchstaben. Irgendwann schenkte man ihr einen Schlüsselanhänger mit dem neuen Namen und den trägt sie nun stolz, die Evelyn. Sie genießt das Abendessen in der Gruppe, wenn endlich der Tisch gedeckt ist und Niels und Nicci auch einen Salat gezaubert haben.

Evelyn arbeitet seit 15 Jahren hier. Als gelernte Arzthelferin und alleinerziehende Mutter mit pflegebedürftiger Großmutter zu Hause lernte sie neben ihrem Job noch für einen Bachelor-Abschluss als staatlich anerkannte Heilerziehungspflegerin. Mit einer Arbeit über die demenziellen Veränderungen bei Menschen mit Trisomie 21. Das ist manchmal auch ein Thema, aber eher eines für andere Häuser, in denen Menschen mit Behinderung leben. Elewin-Evelyn fühlt sich sehr wohl in ihrer Rolle und beendet so ziemlich jeden Satz mit „wunderbärchen", der niederrheinischen Steigerung von „wunderbar". Wunderbar, das alles. Auch wenn Thomas permanent mit neuen Ideen kommt, was man nun für ihn tun solle, was holen, jemanden anrufen, seine Hände pflegen oder wahlweise auch seine Füße, das spielt keine Rolle; Hauptsache, er zieht Aufmerksamkeit auf sich und bleibt im Gespräch.

So geht das hier, tagein, tagaus, und oft möchte Evelyn gar nicht weg, in diese dunkle, triste, missmutige Welt, in der sich die Leute bekämpfen und übel nehmen. Nicht genau hinschauen und noch lieber weg und nicht das sagen, was sie denken. Und denken, was sie nicht sagen. Ganz schön kompliziert jedenfalls, und dabei könnte alles so einfach sein, sie sieht es ja jeden Tag, hier im Heim. Dieses herzliche, direkte Miteinander. Unverstellt und echt. Evelyn will bis zur Rente bleiben, „das hier ist meine zweite Familie", sagt sie. Und Johannes, nie um Komplimente verlegen, brüllt über den ganzen Tisch: „Ich hab dich gern, liebe Elewin."

Manchmal, auf Nachtschicht, wenn die Welt still wird und im Heim hoffentlich nicht zu viele nach ihr rufen, was vorkommt, weil manche schreien, nach ihrer Mutter verlangen oder ihrem Vater, hockt sich Evelyn in den schwarzen Sessel in der Wohnküche und wird ganz still. Dort, wo sonst Nicci sitzt mit ihrem René und ihn küsst und streichelt. „Mein Schatz", sagt sie. Kuschelt sich an ihn und lächelt versonnen. Für René würde sie jederzeit ein Puzzle unterbrechen, dabei sortiert sie so gern. René lässt geschehen, wortloses Miteinander. Rührend, die beiden, jeden Abend, auf diesem Sofa. „Mein Mann", sagt Nicci. Immer wieder. Und René sagt nur: „Ja." Immer wieder. Dass Liebe keine großen Worte braucht, ist hier zu besichtigen. Ich bin, weil wir sind: Verbunden, diese beiden, wie könnte einer froh sein, wenn der andere traurig ist. Manchmal sagt René auch „Lümmel", irgendwo hat er dieses Wort aufgeschnappt und er mag es sehr. Dann lachen alle.

„Ach", sagt Evelyn, „sind doch alles Schnuckiputzis hier. Von denen könnten sich die da draußen mehr als drei Scheiben abschneiden."

Ist mal nicht so viel zu tun, sitzt sie mit ihren Kolleginnen bei einer Tasse Tee und redet. Über den, über die, über sich. Staunt, was so alles hier möglich ist, in tiefster Gestalt, diese Zuneigung und Nähe, das einfache Sein. Sich selbst genügend zufrieden mit dem Gegebenen, glücklich zu leben. Was diese Menschen verbindet und vielleicht unterscheidet von denen, die sich unbehindert wähnen und zurechtkommen müssen in einem Leben, das geprägt ist von Konkurrenz und Kontrolle und immer höher und schneller und weiter. Die für alles eine Erklärung haben und sich verstellen müssen, weil ein jeder eine Vorstellung darüber zu haben meint, wie es sein muss, das Leben. Dann sitzen Evelyn und Susi und die anderen da und überlegen, was die ihnen Anvertrauten wohl wirklich denken, was ihnen durch die Köpfe geht und was sie träumen. Ob sie vielleicht mehr verstehen, als sie zugeben, wissende Menschen, die sich längst eingerichtet haben im Unvermeidbaren und keine Gedanken verschwenden an das, worauf sie keinen Einfluss haben, was sie ertragen müssen, ob sie wollen oder nicht.

Sie haben sich arrangiert und tun, was möglich ist. Sie bemühen sich. Anziehen. Ausziehen. Ist schon mal was, wenn man es alleine kann. Waschen, essen, trinken. Sie müssen bedächtig sein, sie können nicht anders. Die Entdeckung der Langsamkeit: Susi und Evelyn und die anderen mussten das erst einmal lernen.

Das behäbig Bedächtige ist und bleibt eine Herausforderung. Technik kann da helfen. Ziemlich gut zum Beispiel ist ein Stuhl-Lift fürs Bad mit Hebegurt und Bedienerkonsole. „Mega", sagt Wolfgang. „Du spannst Dirk in ein sogenanntes Liftertuch und drückst auf den Knopf. Dirk schwebt dann, das können auch nicht viele von sich sagen, und sinkt, so langsam in die Wanne gelassen, in einem hellblauen Tuch. Für ihn ist es die Wonne pur."

Es wird viel probiert: Dirk bekam mal ein Gerät, mit dessen Hilfe er lernen sollte, mit einer Augenbewegung das Schließen und Öffnen der Jalousie in seinem Zimmer zu steuern. An und für sich eine gute Idee; es scheiterte aber schon an der stabilen guten Sitzposition, die dafür gebraucht wird, und einer insgesamt bequemen, entspannten Körperhaltung. War irgendwie alles zu kompliziert. Und ist es eigentlich nicht viel schöner, wenn jemand kommt und Hallo sagt und dir morgens die Sonne ins Zimmer lässt?

Da waren andere Versuche erfolgreicher, sein Leben zu erleichtern. Patryk, ein Praktikant von der Fachschule für Heilerziehungspflege, brachte Dirk bei, mit einem Noppenball seine Hände zu massieren und mithilfe basaler Kommunikation seine Wahrnehmung zu steigern. Es ist die Technik, mit Menschen, die nicht reden können, Kontakt aufzunehmen. Mit Menschen, die dement sind, ein Trauma erleiden oder im Sterben liegen. Patryk sang Lieder, Dirk summte mit. Patryk kitzelte seine Füße, Dirk gluckste vor Freude. War er zufrieden, hob er das rechte Bein. Oder den Arm. Ihm gefielen auch die Duftstoffe, die Patryk mitbrachte, Lavendel und Parfüms. Das war für Dirk mal eine andere

Stimulation, als seinen Finger in den Mund zu führen, was er gerne macht. Wobei er sich leider aber oft verschluckt.

Diese Momente machen das Leben hier im Heim zu einem Erlebnis. Im Menschsein. Unglaublich, was hier so alles passiert. Susis Lieblingsgeschichte handelt von Hanna, die den ganzen Tag durch das Heim läuft, von oben nach unten und von unten nach oben.

„Letztens ist etwas unheimliches geschehen", sagt Susi. Hannas Mutter war gestorben und ihre Schwester hatte im Heim angerufen und den Tod angezeigt.

„Wir sagen es Hanna morgen", meinten sie, „wir holen sie ab, wir wollen ihr das nicht am Telefon erklären."

So, das vorweg. Jedenfalls saß Susi mit den anderen in der Küche, als Hanna reinkam, wie immer. Komisch guckend, irgendwie auf der Suche. Dann, sagt Susi, sei es plötzlich kalt geworden im Raum, unwirklich kalt, so habe sie es noch nie erlebt. Und Hanna sei in die Ecke gegangen und dort stehen geblieben und habe nach oben geschaut, ungewöhnlich lange. Habe ihre Hände bewegt und gewunken. Sie winkte, was niemand so recht verstand. Ein paar Momente später sei Hanna wieder gegangen und alle hatten Gänsehaut. „Gespenstisch war es", sagt Susi. Und im Zimmer sei es wieder warm geworden, so schnell, wie es sich abgekühlt hatte.

„Tja", sagt Susi, „da hat sich Hannas Mutter wohl von ihr verabschiedet." Vorher hatte sie solche Geschichten eher abgetan. „Sehr seltsam", sagt Susi.

Wo Liebe wohnt

Was für ein Glück, dass Johannes und seine Freunde die Susi haben und den Wolfgang und die Evelyn und alle anderen, die da sind und helfen. Einfach sind, ohne eigene Agenda. Sie müssen sich nicht präsentieren, es geht nicht um Erfolg. Gut, Susi hat versucht, ganz am Anfang, als sie neu war, ein paar Ernährungsideen umzusetzen, weil sie meinte, der Zuckerkonsum sei nun wirklich zu hoch bei den Herrschaften. Ist er auch, aber bitte, wer will da richten und sich weiter einmischen. Susi also hat diese Mission beendet und gibt nur noch dezent zarte Hinweise, wie der eine oder die andere vielleicht etwas weniger machen könnte aus ihrem Typ. Abnehmen und so.

Diese Welt am Außenwall, dieses Haus und Heim: Hier wohnt die Liebe. Dieser so schöne Platz ist ein Hort der Hingabe, des Vertrauens, der Zärtlichkeit. Die Gesten und Gespräche: Es geht darum, dass es allen gut geht. Ein kleines bisschen Glück in einem fordernden Sein, für das es eigentlich keine Worte gibt und nur den ungelenken Versuch, dieses Leben behindert zu nennen. Doch manchmal benutzt Johannes ausgerechnet Begriffe, die in ihrem ursprünglichen Wortsinn genau beschreiben, was ist. Wenn Dinge nicht klappen oder ein Wunsch doch nicht erfüllt werden kann, sagt Johannes auf seine betont gedehnte Art: Schaaade.

Liest man mal nach, wo Wörter eigentlich herkommen und was sie bedeuten, steht da: das altniederländidsche *scatho* bedeute soviel wie Nachteil oder Schaden.

Johannes und seine Freunde wissen, dass ihre Möglichkeiten begrenzt sind. Sie können es sich nicht erlauben, ungehalten zu sein und nur auf sich zu schauen. Sie haben keine Wahl und nicht die Freiheit, zu gehen oder zu bleiben. Sie müssen ertragen. Sich arrangieren. Abfinden.

Sie tun es, in beeindruckender Art und Weise. Liebe, nicht Profit oder Leistung ist, was sie am Leben hält. Angewiesen auf Unterstützung und Verständnis, weil ihre eigene Kraft so oft nicht reicht, bieten sie ein Beispiel, wie ein solches Leben auch gelingen kann. Nicht in Vergleich oder Bewertung und Kalkül; eher in der Anerkennung eigener Schwäche. In diesem Ausgeliefertsein liegt eine eigentümliche Kraft. Das Wissen darum, dass auf dieser Welt nichts selbstverständlich ist. „Wir alle sind zuerst einmal Menschen", sagte einst Anton Tschechow, der Arzt und Schriftsteller, „versteht ihr, Menschen, Menschen, Menschen."

Mag da draußen noch so viel in Unordnung sein und ein großes Durcheinander, Kriege, Elend, Armut: Hier im Heim nimmt all dies keinen Platz ein. Das Sein ist klein und übersichtlich, die Sorgen gelten den Nächsten. Johannes geht es gut, wenn es Papa und Mama gut geht, unseren Eltern. Dann seinen Geschwistern und den Nichten und Neffen, acht an der Zahl. Ist mit ihnen alles in Ordnung, und es ist schon sehr lange so, so lange, wie Johannes schon da ist, auf dieser, in seiner Welt, atmet er beruhigt durch. Was sonst noch sein sollte, es geht ihn nichts an.

Ihm reichen wenige Wörter, mehr müssen nicht sein, zu verstehen. Höflich ist er und zuvorkommend, bitte und danke. In seiner Schicksalsgemeinschaft, vereint in Unvollkommenheit. Dies mehr zu spüren als zu wissen, sich abzufinden und zu ergeben, und trotzdem heiter weiterzuleben und zu lachen: Das ist ein großer Verdienst im Land der Zahlen, das für alles einen Preis bereit hält. Hier aber wirken andere Kräfte, hier weht ein anderer Geist. Früher, beim Mensch-ärgere-dich-nicht-Spiel, hat Johannes den Würfel bestimmt zwei Minuten lang mit beiden Händen geschüttelt und laut gerufen: „Bitte, bitte, lieber Gott, ich brauche eine Sechs." Und, wie konnte es anders sein, sein Gebet wurde erhört.

Das mit dem lieben Gott hat er von seiner Mutter. Sie staunt immer, wenn ihr die Leute in ihrem Alter sagen, dass sie um einen guten Tod beten. Dann lacht meine Mutter nur und sagt, sie bete um ein gutes Leben. Sie möchte noch unbedingt mitbekommen, wie alle ihre Enkelkinder aufwachsen, und da hat sie noch Zeit. Konrad, der Jüngste, ist gerade mal zwölf Jahre alt.

So bin ich, so sind wir groß geworden. Groß und stark. Als Kinder der Liebe, wie meine Mutter immer sagte. Und so ist auch dieses neue Heim für Johannes ein Liebesnest. Voll mit Leuten, die gute Laune machen. Weil sie überraschen mit ihrer Lebensfreude und ihrer Zufriedenheit. Es ist wirklich herrlich. Wenn Thomas strahlend erzählt, dass er wieder beim Zahnarzt war und wie schön es da ist. Mary im Trainingsanzug davon berichtet, sie habe gerade die Haare gewaschen und sich beim Reden darüber in

Begeisterung fast überschlägt. Man möchte sie in den Arm nehmen und drücken und sich mit ihr freuen: „Du hast dich gewaschen, das gibt es doch nicht, wie wunderbar." Wieder mal eine Sensation am helllichten Tag, aus dem Heiteren, und ich stehe da und gucke, staune, blicke. Willi, der vor seiner Tür wartet und sagt, bald bekomme er ein neues Auto, er freue sich darauf, und heute würde er wieder sein Zimmer aufräumen, ist doch schön, oder? Johannes, der wieder Neues zu berichten hat von *Gute Zeiten, schlechte Zeiten* aus dem Fernsehen, er schaut sich das jeden Tag an. Ich sage dann nur: „Schau doch mal *Gute Brüder, schlechte Brüder*."

Das hier ist auch heile Welt, ein bisschen Bullerbü, das Große klein und das Kleine groß. Und plötzlich steht Annemarie im Flur, ein Badetuch über der Schulter, sie hat sich die Haare gefärbt, mit einem Mittel für bis zu sechs Wochen intensivem Farbglanz. Dirk rollt hinzu und Annemarie nimmt seine Hand. Lächelt, weil er gestreichelt wird. Das Leben ein Fest, hier und jetzt, love is in the air. So viel ist gar nicht zu tun, die Stimmung zu heben und für gute Laune zu sorgen.

Und dies in einer Zeit, die Perfektion zum Maß aller Dinge macht. Mit Wissen betäubt und mit Daten wuchert. Von der Angst beherrscht wird, in Wahrheit nicht gut genug zu sein. In der allein der ökonomische Erfolg zählt und Fürsorge nur nach Zweckmäßigkeit bewertet wird. Sich ständig und immerfort zu verbessern, ist unser Ideal. Maximal leistungsfähig, maximal gesund, maximal zufrieden, die beste Version seiner selbst werden. Fitter, schlanker, schöner. Gut zu sein, es reicht nicht mehr, in einem vermessenen Leben. Das auch noch glücklich sein soll, darunter machen es viele nicht.

Wettbewerb hat auf allen Ebenen Besitz ergriffen. Alt werden und Krankheit gelten als Niederlage, die Grenzen des Machbaren werden immer weiter verschoben. Biohacking und Blaulichtblocker, Schrittzähler und Schlaftracker. Biotechnische Intervention und Designerbabys. Der Mensch als Maschine. Ein Haufen Daten, permanent unter Kontrolle, Algorithmen ausgeliefert. Und wir tun so, als hätten wir das Geschehen unter Kontrolle, unser Leben, Anfang und Ende. Ein Irrtum, den Schmerz auszublenden und das Leid. Das Leben ohne den Tod zu denken und Gesundheit ohne Krankheit. Wir muten uns ganz schön was zu.

Es ist, alles in allem, sehr anstrengend, was da formuliert und erwünscht und erreicht werden soll. Vielleicht sollten wir versuchen, besser darin zu werden, Menschen zu sein.

Und mehr Fahrrad fahren.

Schlussspurt

„Na, Johannes, hast du gut geschlafen?" Ich beugte mich über sein Bett und weckte ihn vorsichtig. Ich staunte über sein zartes Wesen, er war wie verwandelt, irgendwie anders als vor dem Urlaub.

„Die Bewegung tut dir wirklich gut", sagte ich, „man kann es sehen, richtig schöne Haut hast du."

Johannes freute sich.

Es war Zeit, vor seiner Zeit aufzustehen, unsere Eltern kamen nach Hause. Der große Tisch im Garten war gedeckt, neben dem alten Kastanienbaum, und wir wollten den Heimkehrern einen gebührenden Empfang bereiten. Die Garage war ausgeräumt, das Auto hatte längst dem neuen Rad Platz machen müssen.

„Johannes", sagte ich, „du musst dich beeilen, wir machen eine kleine Show. Du setzt dich auf das Rad, die Garage bleibt zu, und wir sagen Mama und Papa, sie sollen sich davorstellen. Und dann, tätätä, werden wir das Tor öffnen, wie man einen Vorhang lüftet, und du fährst einfach raus."

„Ja, ja, mach ich", sagte Johannes etwas verschlafen.

Zum ersten Mal in seinem Leben hatte er sich mit dem Frühstück beeilt und seinen großen Auftritt vorbereitet. Fast eine halbe Stunde wartete er einsatzbereit in der verschlossenen Garage, die

Ankunft der Eltern verzögerte sich. Als sie endlich kamen, fragten sie nach Johannes. „Der hat sich versteckt", sagten wir.

Wir begleiteten unsere Eltern in den Garten und baten sie, vor dem Garagentor zu warten. Meine Mutter stützte sich auf eine Krücke, mein Vater auf den Rollator. So lange waren sie noch nie fort von zu Hause gewesen, „es war schön, aber jetzt reichte es uns auch", meinte meine Mutter. Dann, auf ein Zeichen, öffnete sich das Garagentor. Und dort, wo sonst das Auto stand, saß strahlend Johannes Hauser. Dies hier war seine Show.

Wie bestellt fuhr er vor und drehte ein paar Runden, wie ein Zirkuspferd in der Manege. Dann lud er unsere Mutter zur Probefahrt und unseren erstaunten Vater danach. Gustl hatte Kölsch vom Fass mitgebracht, andere Freunde Kuchen, und es gab die guten Würstchen von Axel. Unsere Jukebox spielte das *Festival der Liebe* von Jürgen Marcus, er ist auch einer von uns. Eine Ehrenrunde folgte der anderen. Unsere Eltern verstanden erst gar nicht, was da vor sich ging, es war ja auch fantastisch genug. „Johannes", sagte ich, „du wirst eines Tages derjenige sein, der hier am besten zu Fuß ist, halt dich ran."

Und plötzlich kam mir der Gedanke, dass Johannes sich in diesen Wochen all den Sauerstoff zurückgeholt hat, der irgendwann zu wenig gewesen war. Er war deutlich selbstbewusster und präsenter und die Bewegung war Balsam für seine Seele. Die grauen Nervenzellen waren mit frischen Nährstoffen geflutet, seine Synapsen mit neuen Reizen verwöhnt.

„Johannes", sagte ich, „da ist richtig was los in deinem Kopf."

„Ja, ich weiß", sagte er.

„Wenn du willst", sagte ich, „können wir mit dem Rad nach Paris fahren, wo Niklas wohnt, dein Neffe und mein Sohn, und uns den Eiffelturm anschauen."

„Ach, nö", meinte Johannes. „Warum?"

Stimmt auch wieder, dachte ich.

Mir fiel eine medizinische Sensation ein, von der ich kurz zuvor gelesen hatte. In Amerika hatten Ärzte ein zweijähriges Mädchen aus dem Tod wieder ins Leben geholt, nachdem sie in einem Pool ertrunken war. 15 Minuten lag die kleine Eden leblos im Wasser, und trotz Wiederbelebung schlug ihr Herz zwei Stunden nicht. Die Situation schien aussichtslos, Eden konnte weder sprechen oder gehen, noch auf Stimmen reagieren. Sie wackelte nur mit dem Kopf. Aussichtslos schien jedes Bemühen. Nach 50 Tagen auf der Intensivstation wagten die Ärzte eine neue Therapie: In einer Überdruckkammer bekam die Kleine so viel Sauerstoff wie möglich zugeführt. Der Sauerstoffgehalt im Blut und die Blutgaswerte sollten sich erhöhen und das geschädigte Gehirn gewissermaßen geweckt werden. Und so geschah es. Neues Leben erwachte. In den nächsten Wochen führte eine Nasensonde dem Mädchen zweimal täglich für jeweils 45 Minuten Sauerstoff zu. Schließlich war die Sensation perfekt: Die kleine Eden konnte sich wieder so gut bewegen wie vor dem Unfall und zudem besser sprechen.

So weit war es bei uns nicht gekommen, im Sommer unseres Lebens, aber wir hatten mehr erlebt und gesehen und gefühlt und gelacht als in allen Wochen zuvor.

„Fahren wir nächstes Jahr wieder los?", fragte Johannes.

„Na klar", sagte ich. „Wohin denn?"

Er lachte: „Zum Eiffelturm, ich will doch dahin."

Ich sagte nur: „Irgendwie bist du auch ein Wunder."

Und Johannes sagte nur: „Da hast du auch wieder recht."

Dank

Ich hatte nicht gedacht, dass aus unserem Sommer ein Buch werden würde. Es ist der Begeisterung von Tom zu verdanken, dass er mich ermutigte, all das aufzuschreiben, und Elena, die den Kontakt zwischen uns herstellte. Ich danke Susi und Wolfgang und Evelyn und all den anderen formidablen Mitarbeiterinnen und Mitarbeitern des Rheinberg-Caritas-Hauses am Außenwall für ihr Vertrauen, und natürlich auch allen Kolleginnen und Kollegen von Johannes, die mir ihre Geschichten erzählten. Patryk für seine Mühe. Ulla und Lenchen, meiner Schwester Nicole und meinen Brüdern Detlef und Michael. Ich danke Dani, die uns mit ihrem Auto zum Fahrradladen brachte und Philipp und Fritz Hauser von „Hauser&Friends" für die Unterstützung. Lars für seinen Preisnachlass beim Kauf des Fahrrads, ohne dass er wusste, dass aus unserer Begegnung ein Buch werden würde. Mein Dank auch an Irene und Biggi und Frank und Michael, die immer mindestens einen Cappuccino servieren, wenn Johannes sie besucht. Ein großer Dank meinem Bruder Stephan, der sich wirklich um alles kümmert und es am Anfang nicht einfach hatte. Meinem Sohn Niklas für seine Unterstützung und meiner Frau Aja, die mich beim Schreiben unterstützte. Meinen Eltern, ohne die alles nicht möglich gewesen wäre, und die nach Durchsicht des Manuskripts ihren Segen zur Veröffentlichung gaben. Und natürlich Johannes, meinem Herzensbruder.

Wer ein wenig mehr wissen möchte, was so alles möglich ist, dem empfehle ich das berührende Buch „Machen Sie ihr ein paar schöne Tage". Es ist der autobiografische Bericht von Regina und Ulli Tunnissen über die Geburt ihrer Zwillingstöchter, von denen Jenny tot und Marina mit schwersten Behinderungen auf die Welt kam. Von den Ärzten fast aufgegeben, lebte sie dank der großen Liebe ihrer Eltern und ihres Bruders 20 Jahre, sieben Monate und 25 Tage. Beeindruckend geschrieben, sehr berührend.

© privat

ZUM AUTOR

Uli Hauser arbeitete über 30 Jahre als stern-Reporter. Geboren in Orsoy am linken Niederrhein, engagierte er sich früh in der Jugendarbeit und gründete viele Initiativen, die Mut machen, gesellschaftliche Verhältnisse zu verbessern. Ihm gefällt, andere zu motivieren, ihre Möglichkeiten zu erweitern und sich nicht mit dem abzufinden, was ist. Hauser lebt mit seiner Frau in Hamburg.

IMPRESSUM

Projektleitung: *Tom Mathony*
Texte: *Uli Hauser*
Covergestaltung: *Martina Baldauf*
Satz: *Uhl + Massopust, Aalen*
Herstellung: *Frank Jansen*
Producing: *Jan Russok*
Druck & Bindung: *GGP Media GmbH, Pößneck*

1. Auflage 2024
© 2024 Edel Verlagsgruppe GmbH
Kaiserstraße 14 b
D–80801 München
ISBN: 978-3-96584-456-8

MIX
Papier | Fördert
gute Waldnutzung
FSC® C014496

LIEBE LESERINNEN, LIEBE LESER

wie schön, dass Sie ein Buch von ZS in den Händen halten. „Jetzt leben!" ist das Motto unseres Verlages. Es steht für Inspiration und Genuss, Unterstützung und Motivation. Ob Gesellschaft und Politik oder Gesundheit und Kulinarik bieten wir inspirierende Sachbücher, die aktuelle Themen weiter denken. Unsere Autorinnen und Autoren sind Menschen, die zu ihrem Thema wirklich etwas zu sagen und zu schreiben haben.

UNSER VERLAGSHAUS

Mit Standorten in Hamburg und München zählt die Edel Verlagsgruppe zu den größten unabhängigen Buchanbietern Deutschlands. Zur Gruppe gehören die Verlage Dr. Oetker Verlag, Edel Sports, KARIBU und ZS.

ZS – Ein Verlag der Edel Verlagsgruppe
🌐 www.zsverlag.de
f www.facebook.com/zsverlag
⊙ www.instagram.com/zsverlag

Vom Anfang ...

**Ellen Matzdorf
Vom ersten bis zum
letzten Atemzug**

ISBN 978-3-96584-348-6

... bis zum Ende.